Im Geiste der Reformation

T0153700

T V Z

Im Geiste der Reformation
Porträts aus Basel 1517–2017

Herausgegeben von Luzius Müller

T V Z
Theologischer Verlag Zürich

EVANGELISCH
REFORMIERTE
KIRCHE
BASEL-STADT

Der Theologische Verlag Zürich wird vom Bundesamt für Kultur mit einem Strukturbeitrag für die Jahre 2016–2018 unterstützt.

Bibliografische Information der Deutschen Nationalbibliothek
Die Deutsche Nationalbibliothek verzeichnet diese Publikation in der Deutschen Nationalbibliografie; detaillierte bibliografische Daten sind im Internet über http://dnb.dnb.de abrufbar.

Umschlaggestaltung: Simone Ackermann
Satz und Layout: Claudia Wild, Konstanz

Druck: ROSCH-BUCH, Scheßlitz

ISBN 978-3-290-17893-2
© 2017 Theologischer Verlag Zürich
www.tvz-verlag.ch

Inhalt

Einleitung

1979 gab der Christoph Merian Verlag zum 450-Jahr-Jubiläum der Basler Reformation (1529) einen Sammelband mit dem Titel **Der Reformation verpflichtet** heraus. Dieses schöne, gebundene Werk umfasst 227 Seiten. Auf diesen sind 36 Porträts von Persönlichkeiten der Basler Reformationsgeschichte aus fünf Jahrhunderten zu finden, «Männer und Frauen, in deren Leben [...] etwas vom Licht und Salz des Evangeliums offenkundig geworden ist».

2017, zum 500-Jahr-Jubiläum der Reformation, reicht es gerade noch für das vorliegende Paperback-Bändchen von 90 Seiten. Auf diesen sind 14 Porträts von Persönlichkeiten der Basler Reformationsgeschichte zu finden.

Es sind nicht dieselben Männer und Frauen wie im Buch von 1979. Selbstverständlich werden gewisse Personen in beiden Publikationen vorgestellt: Johannes Oekolampad, Wibrandis Rosenblatt, Sebastian Castellio, Wilhelm de Wette und Karl Barth. Sie alle müssen genannt werden, wenn der Reformationsgeschichte Basels gedacht wird. Und sollte es in 50 Jahren wieder eine Publikation zum Reformationsjubiläum geben, so werden diese darin wohl auch wieder einen Platz finden, egal wie viele Seiten jene Schrift dannzumal umfassen wird.

Einige wichtige Personen der Basler Reformationsgeschichte haben uns im Band von 1979 gefehlt. Wir haben sie aufgenommen, auch wenn sie nicht aus Basel stammen, nicht ehrwürdigen Basler Familien angehören und teilweise nicht in Basel geblieben sind. Aber sie haben die Geschichte Basels geprägt und ihre Namen haben sich mit der Geschichte Basels verbunden: Erasmus von Rotterdam, Johannes Calvin, Leonhard Ragaz und Ruth Epting.

Im vorliegenden Band sind aber auch Personen aufgenommen, die mit der Reformation, der Basler Kirche oder dem «frommen Basel» unmittelbar wenig oder gar nichts zu tun haben, wie Jakob

Bernoulli, Margaretha Merian, Jakob Burckhardt, Franz Overbeck und Friedrich Nietzsche. Sie alle haben aber unseres Erachtens im Geiste der Reformation gewirkt – wie die Beiträge dieses Büchleins zeigen. Die einen haben über Grenzen hinaus gedacht, haben den Status quo in progressiver Weise hinterfragt und schroffe Kritik an Kirche und Theologie geübt – wie die Reformatoren des 16. Jahrhunderts. Andere haben den Status quo in konservativer Weise hinterfragt, haben eine Rückbesinnung angeregt und die Kirche und Theologie ihrer Zeit ebenfalls mit Kritik bedacht – auch wie die Reformatoren des 16. Jahrhunderts. Wieder andere standen der Kirche oder Theologie nahe, haben aber in ganz anderen Bereichen zu Reformen und prägenden Veränderungen angeregt.

Ein Buch zur Reformationsgeschichte Basels muss nicht zwingend von Personen ausgehen. Es könnte auch die Frömmigkeits-, Sozial- oder Kunstgeschichte Basels zum Gegenstand haben. Eine so angelegte Reformationsgeschichte Basels wäre aber möglicherweise in einem eher diskursiven Duktus gehalten. Geschichten im Sinne von Narrationen lassen sich besonders eingängig anhand von Personen erzählen. Weil dieses Buch an Geschichten und Geschichte erinnern will, die in Vergessenheit zu geraten drohen, weil es gegen das Vergessen dieser Geschichte und Geschichten verfasst ist, wurde die eingängige Form der Personengeschichte gewählt. Wir haben auf Quellennachweise und dergleichen verzichtet, weil wir dieses Büchlein eben nicht als Beitrag zur Forschung verstehen, sondern als eine «Erinnerungshilfe».

Selbstverständlich hätten wir gerne noch viel mehr Personen, beispielsweise auch aus den Bereichen der bildenden Kunst, Musik, Politik usw., in unser Buch aufgenommen. Aber eben: Wir kämpfen gegen einen Prozess des Vergessens an, der schon längst begonnen hat. Dieses schmale Bändchen dokumentiert selbst – mit Blick auf das viel umfangreichere Vorgängerwerk – den Prozess dieses Traditionsschwundes. So sind unsere, so sind die Möglichkeiten der Evangelisch-reformierten Kirche Basel-Stadt im Jahr 2017 weit begrenzter als noch im Jahr 1979.

Dass dieses Bändchen dennoch so zustande kommen konnte, verdanken wir massgeblich unseren geschätzten Autorinnen und Autoren, die ihr Wissen und ihre Liebe zur Basler Geschichte in die vorliegenden Texte haben einfliessen lassen. Unser Dank gilt des Weitern dem Paulus Fond, der durch seine grosszügige Unterstützung diese Publikation ermöglicht hat. Ebenso danken wir dem Theologischen Verlag Zürich für die sehr angenehme, produktive und sorgfältige Zusammenarbeit.

Was Reformation und Reformationsgeschichte ist, wes Geistes Kind die Reformation ist und was davon erinnernswert scheint, definiert stets die Nachwelt. Wir verstehen Reformation als einen Prozess des Weiterdenkens und Zurückblickens, des sich für die Zukunft Öffnens und die Vergangenheit in Erinnerung Haltens.

Es ist ein Prozess, der die Kirche selbst im Innersten betraf, aber auch weit über die Sphäre der Kirche hinaus in viele Bereiche des Lebens hineinwirkte und schliesslich wieder in die Kirchen hineinmündet, diese bereichert und begeistert. Die Beiträge dieses Buchs mögen davon einen Eindruck geben.

Luzius Müller
Für die Evangelisch-reformierte Kirche Basel-Stadt

Erasmus von Rotterdam (1466–1536)
Das Neue Testament neu lesen

Christine Christ-von Wedel

Als Erasmus im Jahre 1514 erstmals nach Basel kam, hatte sich der uneheliche Priestersohn bereits einen Namen gemacht. Er war berühmt für seine **Adagia**, eine kommentierte Sprichwörtersammlung voller antiker Weisheiten, für sein **Lob der Torheit**, eine tiefsinnige Satire, die über Missstände in Politik, Wirtschaft und Kirche spottete und für Frieden und Toleranz eintrat, und für seine **Copia**, ein Werk, das lehrte, wie man sich lateinisch genau und differenziert und zugleich abwechslungs- und variantenreich ausdrückt. Erasmus galt bereits als das Haupt der *Studia humanitatis*, die antike Kultur für das christliche Abendland neu fruchtbar machten. Jetzt aber hatte er in seinem Gepäck andere Manuskripte.

Es waren Vorarbeiten für eine Ausgabe des Neuen Testaments, in denen Erasmus auf Texte in der griechischen Originalsprache zurückgriff. In mühseliger Kleinarbeit hatte er verschiedene griechische Manuskripte der Evangelien und der apostolischen Schriften verglichen und sich zahlreiche Vorschläge für neue Übersetzungen ins Lateinische notiert. Er stieg ab beim Drucker Johannes Froben am Totengässlein 7 (heute Pharmaziemuseum). Mit ihm beschloss er, eine zweisprachige, griechisch-lateinische Ausgabe zu drucken. Im März 1516 war es so weit. Die erste Druckausgabe des Neuen Testaments in der Originalsprache erschien. In einem Anhang verteidigten und begründeten Anmerkungen die Neuerungen von Erasmus' lateinischer Übersetzung. Das war nötig. Denn was Erasmus lieferte, waren nicht etwa belanglose Varianten und blosse stilistische Verbesserungen, das waren hochbrisante Änderungen. Weiterhin von einem Fegefeuer, von einer Originalsünde oder von einer Beichte im üblichen Sinn zu sprechen, wurde unter diesen Voraussetzungen sehr fragwürdig.

Die Meinungen der Gelehrten waren geteilt, einige, so die späteren Reformatoren, benutzten begeistert das erasmische Neue Testament für ihre Kommentare und Predigten, fanden sie doch in den Anmerkungen die für sie so umstürzenden Erkenntnisse, dass der Glaube in Christus allein selig mache und die Bibel sich selber auslege. Konservative Theologen dagegen waren entrüstet und bezichtigten Erasmus der Häresie. Aber es war schwierig, Erasmus beizukommen, waren seine Griechischkenntnisse doch denen der meisten Gelehrten überlegen. Auch verfügte er mit seinem hervorragenden Gedächtnis und seiner neuen Methode, Gelesenes mittels Stichworten zu registrieren, über einen Wissensschatz, mit dem er die Traditionalisten gerade auch mithilfe der Tradition schlagen konnte. Durch Zitate verschiedener Kirchenväter, die er in gewichtigen Ausgaben auch bei Froben herausgeben sollte, konnte er seine Abweichungen in den folgenden fünf – jeweils beträchtlich überarbeiteten – Versionen des Neuen Testaments verteidigen.

Aber damit nicht genug. In Einleitungsschriften zu seiner Ausgabe des Neuen Testaments begründete er eine ganz neue Theologie. Statt philosophische Systeme christlicher Dogmatik zu schaffen, leitete Erasmus an, die Bibel sorgfältig zu lesen, die Texte als historische Überlieferungen zu analysieren und sie neu ins eigene Leben hinein sprechen zu lassen. Die Gelehrten sollten die Bibel in den Originalsprachen Griechisch und Hebräisch lesen, die Laien aber gute Übersetzungen benutzen. Erasmus ermunterte Kollegen, die – anders als er – die Volkssprachen gut beherrschten, die Bibel in ihre Sprachen zu übertragen. Denn jeder Mann und jede Frau sollte die Bibel lesen und sich selbst ein Bild von dem machen, was die Evangelisten für die Gläubigen niedergeschrieben hatten. Das war nicht in den Wind gesprochen. Bekanntlich hat sich nach Vorgängern auch Martin Luther 1521 auf der Wartburg daran gemacht, das Neue Testament ins Deutsche zu übersetzen. Andere folgten nicht nur in Zürich, auch in England, Frankreich, Spanien, Italien und Polen. Erasmus selber konnte in der niederländischen Stadt Löwen das erste Drei-Sprachen-Kollegium mit aufbauen, in dem die biblischen Sprachen gelehrt und biblische Vorlesungen auch für Laien in der Landessprache gehalten wurden.

Hier in Basel begann 1523 Johannes Oekolampad, ein junger Hebraist, der Erasmus schon bei der Herausgabe des Neuen Testaments geholfen hatte, den Propheten Jesaja für die Theologiestudenten auf der Grundlage des hebräischen Textes zu analysieren und anschliessend auf Deutsch für die Bürger der Stadt auszulegen. Der Zulauf war gewaltig. Als Priester an der Bürgerkirche St. Martin las er die Bibeltexte im Messgottesdienst statt auf Lateinisch auf Deutsch vor, feierte bald auch das Abendmahl auf Deutsch und predigte volksnah über die alles überbietende Gnade

Gottes. Aber es blieb nicht bei diesem erasmischen Programm. Wie Martin Luther und Huldrych Zwingli schon zuvor verunglimpfte auch Johannes Oekolampad die römische Kirche als antichristlich und ihre Messfeier als widergöttlich. Er lehnte jede Ämterhierarchie in der Kirche ab und versuchte, unterstützt von nach mehr politischer und wirtschaftlicher Macht strebenden Zünften, seine Reformvorstellungen gegen die überkommene Kirche durchzusetzen. Der feinfühlige und friedliebende Erasmus sah Bürgerkriege heraufziehen. Wie er zuvor die Fürsten zum politischen Frieden ermahnt hatte, mahnte er jetzt die sich bekämpfenden religiösen Parteien zu gegenseitiger Duldsamkeit und Mässigung. Aber umsonst. Er konnte im christlichen Europa weder die Kriege der Fürsten verhindern noch die Bauernaufstände und die gewaltsame blutige Unterdrückung der Bauern oder die gegenseitige Verteufelung der Glaubensparteien. Immerhin hörte der Basler Rat zunächst noch auf Gutachten, die er 1524/25 von Erasmus erbeten hatte: Er liess verschiedene Gottesdienstformen zu und verlangte von den Predigern, sich allein auf die Heilige Schrift zu stützen und auf alle Polemik zu verzichten. Das ging gut, bis 1529 radikale Kräfte nach einem Bildersturm eine neue Ordnung erzwangen.

Die neue Ordnung korrigierte viele Missstände, die Erasmus kritisiert hatte, und beförderte viele Neuerungen in seinem Sinn: gute Schulen, Predigtgottesdienste auf biblischer Grundlage, oder eine neue, liberalere Eheordnung, die Scheidung zuliess. Aber sie verpflichtete auch auf den «einen wahren Glauben», wie ihn der neu bestellte Rat mit seinen Predigern festlegte. Für anders Denkende war kein Platz mehr. Alle Stadtbewohner mussten die Gottesdienste besuchen und das Abendmahl nach neuem Ritus feiern. Auswärts eine traditionelle Messe zu hören, war verboten. Wer wie die Täufer auf anderen Glaubenslehren beharrte, dem drohte die Todesstrafe. So festigte der Rat zusammen mit Oekolampad und dessen Kollegen den reformatorischen Glauben der Stadt.

Erasmus aber verliess Basel enttäuscht und kehrte, schon vom Tode gezeichnet, erst zurück, als in Basel wieder eine etwas freiere Atmosphäre herrschte. Er wohnte und starb im Verlagshaus Froben, dem er treu geblieben war, an dessen neuem Domizil an der Bäumleingasse 18. Obwohl die Basler Reformierten damals noch

Grabmonumente ablehnten, durften Erasmus' Erben im Münster einen repräsentativen Grabstein errichten lassen, der bis heute unzählige Erasmusverehrer anzieht. Bedeutsamer aber war, dass sie nach seinen Angaben eine Gesamtausgabe seiner Werke herausgaben. Diese rettete sein Rufen nach einem duldsamen Christentum und einer friedlichen, toleranten und freiheitlichen Politik durch die Zeit der blutigen Religionskriege. Die Aufklärer besannen sich wieder neu auf Erasmus und propagierten sein Christentum, das tätige Nächstenliebe auch für Andersgläubige forderte, Barmherzigkeit höher wertete als eine reine Glaubenslehre und anleitete, die Heilige Schrift nicht als eine Sammlung von starren Vorschriften und Geboten, sondern als ein Zeugnis von Gottes gütigem Handeln mit der Welt zu lesen und für die jeweilige Zeit neu auszusagen.

Christine Christ-von Wedel ist Historikerin
und Erasmus-Expertin.

 Christine Christ-von Wedel, Erasmus
von Rotterdam. Ein Porträt, Basel 2016.

Johannes Oekolampad (1482–1531)
Eine treibende Kraft
der Reformation Basels

Luzius Müller

Streng und eher ablehnend blickt sie hinüber zum Münsterplatz: die Oekolampad-Skulptur vor dem Kreuzgang des Basler Münsters. Ludwig Keiser hatte sie 1862 verfertigt. Keiser diente vermutlich eine 4 cm grosse Medaille von Jacob Stampfer aus den 30er Jahren des 16. Jahrhunderts als Vorlage; das älteste Bildnis Oekolampads. Diese Arbeit aus Silber zeigt ein Porträt des Theologen in seinem Todesjahr 1531: das Profil eines hageren, bärtigen Mannes mit länglicher Nase in der schlichten Tracht eines Dozenten. Eine gewisse Ähnlichkeit zwischen dem Bildnis auf dem Medaillon und Keisers überlebensgrossem Oekolampad-Denkmal ist nicht von der Hand zu weisen. Allerdings zeigt Keisers Sandsteinfigur jenen kämpferisch-heroischen Zug, welchen das 19. Jahrhundert so manch historischer Gestalt angedeihen liess. Dieser Eindruck ist gewiss auch der Gestik der Skulptur geschuldet: Die linke Hand trägt die Bibel beinahe wie ein Panier. Die rechte vollführt eine schneidende, deutlich zurückweisende Handbewegung. Die Skulptur lasse einen Apostel des Herrn oder Kirchenvater vermuten, kommentiert der 1872 in Basel verstorbene Kirchenhistoriker Karl Rudolf Hagenbach Keisers Werk – einen Apostel oder Kirchenvater wohlverstanden, wie ihn sich eben das 19. Jahrhundert gerne vorgestellt hat, geeignet, um auf einem historistischen Monument verewigt zu werden.

Ganz anders ist die Gestik Oekolampads auf jenen Gemälden, die Hans Asper um 1550 vermutlich ebenfalls auf der Grundlage der Stampfer'schen Medaille verfertigt hatte. (Aspers Gemälde standen Keiser nicht zur Verfügung, da sie damals in Privatbesitz waren.) Die Bilder Aspers zeigen zwar dasselbe charakteristische Profil und dieselbe schlichte Dozenten-Tracht. Oekolampads rechte Hand scheint jedoch eine dem Gegenüber zugewandte, erklärende Geste zu vollführen – als stünde er im Dialog mit einem auf dem Bild nicht sichtbaren Gegenüber. Mit der linken Hand trägt er die Bibel, als wollte er diese sogleich ablegen und aufschlagen, um einen Schriftbeweis zu führen. Asper legt der Nachwelt ein Bildnis Oekolampads vor, welches diesen als Gelehrten und Humanisten zeigt.

Sowohl Aspers Gemälde wie auch Keisers Skulptur sind geprägt von den Stereotypen und Idealisierungen ihrer Zeit. Der

Vergleich der Darstellungen verdeutlicht, dass jeder Versuch, der Nachwelt das Bild einer historischen Figur zu zeichnen, stets ein Artefakt seiner Entstehungszeit ist. Dies gilt selbstredend auch für diesen Text über Oekolampad.

Johann Heusgen oder Hausschein (es existieren diverse Schreibweisen des Namens) wurde 1482 in Weinsberg in der Nähe von Stuttgart geboren. Sein Name wurde vermutlich ab 1511 – wie unter Humanisten üblich – ins Griechische übertragen: Hausschein wurde als Zusammenzug der Worte Haus und Lampe zum griechischen Oeko-lampad. Die Mutter, ledig Pfister, entstammte einem angesehenen Basler Ratsherrengeschlecht. Der Vater war Kaufmann in Weinsberg.

Im März 1528, kurz bevor in Basel die Reformation durchgesetzt wurde, heiratete Oekolampad, damals Leutpriester an der Basler Martinskirche, Wibrandis Rosenblatt. Aus ihrer Ehe gingen drei Kinder hervor. Im November 1531 starb Oekolampad als Antistes (Vorsteher) der reformierten Kirche Basels und Professor der hiesigen Universität. Von seinem Geburtsort Weinsberg bis zu seiner letzten Ruhestätte im Kreuzgang des Balser Münsters führt ein bewegter Weg. Die sogenannte Reformationstafel von 1542 weist auf sein Grab hin mit den Worten: «Johannes Oekolampad, Theologe von Beruf, in drei Sprachen sehr bewandert, erster Autor der evangelischen Lehre in dieser Stadt, wahrer Bischof dieser Kirche [...]».

Erwähnenswert schienen damals schon, nebst den theologischen Werken (v. a. Übersetzungen und Editionen verschiedener Kirchenväter) und kirchlichen Verdiensten, seine besonderen philologischen Kenntnisse, die er sich auf seinen universitären Studien in Heidelberg, Bologna, Tübingen, Stuttgart und Basel erwarb. Ein wahrer Meister des Althebräischen muss Oekolampad gewesen sein, sodass Erasmus von Rotterdam ihn bei der Edition des Neuen Testaments in Griechisch 1516 insbesondere mit der Arbeit an hebräischen Anmerkungen betraute und ihn ein Nachwort verfassen liess. Oekolampad seinerseits hielt in Briefen mit seiner Bewunderung für Erasmus von Rotterdam, den vermutlich bedeutendsten Gelehrten Europas jener Zeit, nicht zurück, was dem damaligen Korrespondenzstil unter Gelehrten entsprach. Oekolampad teilte dessen humanistische Ansichten, die u. a. eine Reform der universitären Wissenschaft, aber auch der kirchlichen und gesellschaftlichen Verhältnisse intendierten. Die beiden Gelehrten unterschieden sich jedoch spätestens ab der Mitte der 20er Jahre des 16. Jahrhunderts in ihren Vorstellungen, wie diese Reformen umgesetzt werden sollten.

Bereits 1510 in seinem ersten kirchlichen Amt machte Johannes Oekolompad als Prediger auf sich aufmerksam. Er schalt die teilweise laxe Praxis seiner Kollegen in Weinsberg, die sich insbesondere bei Osterspielen zu allerhand Possen und Spässen hätten hinreissen lassen. Stattdessen forderte er, die Heilige Schrift in der Predigt mit grösstem Ernst auszulegen. In seiner Geburtsstadt kam dieser fordernde Ton des strebsamen Theologen nicht gut an. Andere aber erkannten seine Fähigkeiten, sodass er 1518 ans Basler Münster und kurz darauf an den Augsburger Dom berufen wurde. In Augsburg gerät Oekolampad ins Spannungsfeld der Auseinandersetzungen zwischen den kämpferischen Kirchenreformern um Martin Luther und den Bewahrern des Status quo der Kirche. Als beflissener Prediger und passionierter Wissenschafter muss er sich zwangsläufig für diese theologisch und kirchenpolitisch brisante Auseinandersetzung interessieren. Seiner humanistischen Prägung entsprechend ist er den Forderungen nach Reformen gegenüber aufgeschlossen. Bei den Reformbefürwortern finden Oekolampads Anliegen einer den biblischen Texten verpflichteten Theologie Gehör, was verschiedene Briefwechsel belegen.

Das Ringen um Neuerungen in der Kirche scheint sich jedoch für Oekolampad auch zum inneren Kampf entwickelt zu haben. 1520 zieht sich der Augsburger Dompfarrer von seiner Anstellung zurück und tritt ins Altomünster Brigittenkloster ein, behält sich jedoch allerhand Freiheiten zur wissenschaftlichen Arbeit und geistigen Unabhängigkeit vor. Aus dieser Zeit stammen Schriften zur Beichte und über Luthers Abendmahlstheologie bzw. die Wandlung der eucharistischen Elemente, welche die theologische Gesinnungsentwicklung zur reformatorischen, ja reformierten Theologie Oekolampads dokumentieren. Die Publikation solcher

Lehren ist um 1521 – vor allem in Bayern – nicht ungefährlich. Fluchtartig muss er das Altomünster Kloster verlassen.

Über Umwege kommt er 1522 wieder nach Basel, wo er bis zu seinem Tode bleiben wird. Sein Doktorgrad ermöglicht es ihm, Vorlesungen an der Basler Universität zu halten. Bald schon wird er trotz Widerstands bischofsnaher Gelehrter als Ordinarius angestellt. Oekolampad liest in der damaligen Wissenschaftssprache Latein – und auf Deutsch, sodass auch Laien seinen Ausführungen folgen können, was einen enormen Zustrom der Bürgerschaft zu seinen Lehrveranstaltungen ausgelöst haben soll. Er lebt im Haus am Martinskirchplatz 2 zwischen der alten Universität und der Martinskirche, wo er ab 1525 als Hauptpfarrer agiert. Mit anderen «neugläubigen» Pfarrern entwirft er eine neue evangelische Gottesdienstordnung und hält auch reine Predigtgottesdienste.

Der Rat Basels lässt sowohl «alt-» als auch «neugläubige» Pfarrer in der Stadt gewähren, nicht zuletzt aufgrund eines entsprechenden Gutachtens des Erasmus. Oekolampad avanciert zum Wortführer der Partei der «Neugläubigen» in Basel und nimmt auch ausserhalb Basels an wichtigen theologischen Disputationen teil. 1528/29 muss der Rat u. a. auf Drängen der Zünfte hin die Reformation aller Kirchen in Basel durchsetzen und schreibt die Reformation Basels in der Reformationsordnung vom 1. April 1529 fest: Die Heilige Messe wird in Basel verboten. «Altgläubige» müssen zur neuen Konfession konvertieren oder die Stadt verlassen; auch Erasmus geht.

Damit ist ein wichtiger Schritt in der Umgestaltung der gesellschaftlich-kirchlichen Verhältnisse in Basel getan. Diese Umgestaltung beginnt in Basel bereits 1521 mit der politischen Lösung aus der Bindung an die Oberherrschaft des Bischofs und wird erst Jahre nach dem Tode Oekolampads abgeschlossen. Im Zuge dieser Umgestaltungen kommt die Kirche mehr und mehr in die Hand des «Ratshauses» und wird weitgehend zur Staatskirche; dies deckt sich nicht mit den ursprünglichen Anliegen Oekolampads. Er intendierte eine synodale verfasste Kirche.

Oekolampad hat wichtige kirchenpolitische, praktisch- und systematisch-theologische Beiträge zur Reformation in Basel geleistet. Ihn als «alleinigen Reformator Basels» auf den Denkmalsockel zu heben, entspricht jedoch eher nicht den historischen Verhältnissen.

1931 wird im Gotthelf-Quartier die Oekolampad-Kirche eingeweiht; direkt neben ihr entsteht die Oekolampadstrasse. Die Kirche ist ein modern-kubistischer Klinkersteinbau, welcher der architektonischen Formensprache der historistischen Sakralbauten des 19. Jahrhunderts in aller Konsequenz absagt: Dieser Bau mag Oekolampads Reformeifer versinnbildlichen.

Luzius Müller ist Pfarrer im reformierten Pfarramt beider Basel an der Universität.

 Ernst Staehelin, Das theologische Lebenswerk Johannes Oekolampads, Leipzig 1939.

Wibrandis Rosenblatt (1504–1564)
Die Frau im Hintergrund

Helen Liebendörfer

Wibrandis Rosenblatt war viermal verheiratet und wurde viermal Witfrau. Sie hat insgesamt elf Kinder geboren, fünf davon starben bereits im Kindesalter. Ein solches Schicksal war in früherer Zeit nichts Aussergewöhnliches. Unzählige Frauen erduldeten und meisterten ähnliche Lebensumstände, aber man weiss nichts von ihnen. Das Schicksal von Wibrandis kennt man, weil sie die Gattin von drei Reformatoren war: vom Basler Reformator Johannes Oekolampad und den beiden Strassburger Reformatoren Wolfgang Capito und Martin Butzer.

Wibrandis wurde 1504 in Säckingen als Tochter von Hans und Magdalena Rosenblatt geboren. Der Name Wibrandis war damals in aller Munde, denn in diesem Jahr wurden nicht nur Chrischona heiliggesprochen, sondern auch drei Jungfrauen des Dorfes Eichsel; eine dieser drei Jungfrauen hiess Wibrandis. Vater Hans Rosenblatt stand als Schultheiss von Säckingen in Diensten von Kaiser Maximilian I., denn Säckingen gehörte damals zu Österreich. Meist weilte er auf Kriegszügen, so dass seine Frau mit ihren beiden Kindern nach Basel übersiedelte. Frau Rosenblatt geb. Strub stammte nämlich aus Basel. Wibrandis verbrachte somit ihre Jugendzeit in Basel und wohnte mit Mutter und Bruder im Haus «Zum Kienberg» am Barfüsserplatz (heute Rio Bar).

Im Alter von 20 Jahren heiratete Wibrandis einen Lehrer namens Ludwig Keller. Nach nur 2 Ehejahren starb er im Sommer 1526 und liess seine junge Frau mit ihrem 1-jährigen Mädchen als Witwe zurück. Unterdessen waren die Reformationsbewegungen in vollem Gange. Zu den gewünschten Reformen gehörte auch die Aufhebung des Zölibats. Luther, Zwingli, Capito und Butzer waren bereits alle verheiratet. Für die Stärkung der Basler Reformationsbewegung schien es Johannes Oekolampad ebenfalls wichtig, sich zu verheiraten. So vermählte er sich im März 1528 mit Wibrandis Rosenblatt. Er schrieb an einen Freund: «Sie ist aus ehrenwerter Familie und im Kreuztragen geübt. Ich wollte, sie wäre älter, aber sie hat nichts von jugendlicher Ausgelassenheit an sich. In der Erkenntnis Christi ist sie ganz hübsch bewandert […]»

Wibrandis heiratete mit ihren 24 Jahren einen 22 Jahre älteren Mann, einen Prediger. Die Konsequenzen waren nicht absehbar, da man nicht wusste, ob der Reformationsgedanke siegen würde. Man darf wohl davon ausgehen, dass Wibrandis mit dieser Heirat ein tatkräftiges Bekenntnis zum neuen Glauben ablegen wollte. Sie übernahm nun die Haushaltsführung am Martinskirchplatz 2, denn Oekolampad war Prediger an der Martinskirche, wo bereits nach der neuen Art, das heisst auf Deutsch, gepredigt wurde. Sie sorgte für den betagten Schwiegervater, aber auch für zahlreiche Pensionäre, die dem gelehrten Professor und Pfarrer anvertraut waren. Zehn Monate nach ihrer Heirat schenkte Wibrandis einem Knaben das Leben. Wenige Wochen danach erfolgte in Basel der Durchbruch der Reformation.

Oekolampad wurde nun zum Antistes am Münster gewählt. Die Familie zog deshalb um ans Hasengässlein (etwa an Stelle des früheren Schulhauses an der Rittergasse). Wibrandis schenkte bald darauf einem Mädchen das Leben. Neben ihren Pflichten als Hausfrau und Mutter stand sie ihrem Gatten treu zur Seite und sorgte umsichtig für die unzähligen Gäste und schenkte einem weiteren Mädchen das Leben. Wenige Wochen danach erkrankte Oekolampad. Er starb im November 1531 und wurde unter grosser Anteilnahme der Basler Bevölkerung im Kreuzgang des Münsters begraben. Die Ehe mit Wibrandis hatte nur etwas mehr als 3 Jahre gedauert. Sie stand nun zum zweiten Mal als Witwe an einem Grab, zusammen mit vier Kindern im Alter von 6 Monaten, 1 ½ und 2 ½ Jahren und dem 6-jährigen Mädchen aus erster Ehe.

In Strassburg starb fast zur gleichen Zeit die Frau von Wolfgang Capito. Es lag nahe, dass die Witwe Wibrandis mit dem Witwer Wolfgang Capito eine neue Verbindung einging. Im April 1532 heirateten die beiden. Wibrandis' Lebensweg führte somit fort von Basel. Zusammen mit ihren vier kleinen Kindern und ihrer Mutter zog sie nach Strassburg und wurde in der für sie vollkommen fremden Stadt Pfarrfrau des Reformators Wolfgang Capito.

Die Auseinandersetzungen der Protestanten in Strassburg waren keineswegs geringer als in Basel. Wibrandis stand ihrem neuen Gatten wiederum treu zur Seite. Er war ebenfalls mehr als zwanzig Jahre älter als sie, neigte zu Depressionen und kränkelte oft. Neben der Pflege ihres Gatten hatte Wibrandis den Haushalt zu führen, zahlreiche Gäste zu betreuen und die Kinder zu versorgen. Zudem kam praktisch jedes Jahr ein weiteres Kind auf die Welt: Agnes, Dorothea, Simon, Wolfgang und Irene. Leider starb jedoch eines der Mädchen von Oekolampad. Mitten in diesen turbulenten Jahren erreichte 1541 eine Pestepidemie den Oberrhein. Martin Butzer, der andere Reformator von Strassburg, verlor seine Frau und fünf Kinder. Auch Wibrandis musste drei Kinder begraben, zudem starb ihr Mann Wolfgang Capito. Sie hatte neun Jahre lang mit ihm das Leben geteilt, nun stand sie mit ihren 37 Jahren zum dritten Mal als Witfrau an einem Grab.

Ein halbes Jahr nachdem sie ihre Ehepartner verloren hatten, heirateten Wibrandis und Martin Butzer. Zusammen mit ihrer Mutter und den ihr noch verbliebenen vier Kindern zog Wibrandis ins Pfarrhaus von Butzer. Zu seinem Haushalt gehörten seine Eltern und ein Kind, das die Pest überlebt hatte: der geistig und körperlich behinderte Sohn Nathanael. Nach dem Tod Capitos bildete Butzers Haus das Zentrum des neuen Glaubens in Strassburg. Es glich einer Herberge. Unzählige Glaubensflüchtlinge suchten Unterschlupf. Wibrandis sorgte nicht nur für alle, sie gebar auch weitere Kinder: Martin und Elisabeth. Überdies nahm sie auch das verwaiste Mädchen ihres Bruders bei sich auf. Bald änderte sich für die Protestanten in Strassburg die Situation dramatisch. Es wurden ihnen grosse Beschränkungen auferlegt. Aber Martin Butzer wollte sich nicht daran halten. Deshalb wies man ihn aus Strassburg aus. Zusammen mit einem Glaubensgenossen reiste er nach England. Der Erzbischof von Canterbury hatte ihn eingeladen, an der Universität von Cambridge Vorlesungen zu halten. Nach einem halben Jahr liess Butzer Wibrandis nachkommen. Aber vorerst nur mit der 16-jährigen Tochter und der Magd, die andern Kinder blieben in Strassburg bei der ältesten, unterdessen verheirateten Tochter. Ohne zu zögern machte sich Wibrandis auf den Weg, obwohl sie wenig Ahnung hatte, wo England lag. Dazu kamen die sprachlichen Schwierigkeiten, die sie meistern musste. Butzer konnte sich in Latein unterhalten, es war die Sprache aller Gelehrten, Wibrandis hingegen musste Englisch lernen.

Nach einigen Monaten starb der Glaubensgenosse, und dessen Frau kehrte nach Strassburg zurück. Wibrandis begleitete sie, um ihre restliche Familie nachzuholen. In einem Brief an Butzer berichtete sie: «Wie ich gen Strassburg gekommen bin, da [...] sind die Papisten zusammengelaufen [...] und haben ausgehen lassen, sie wollten mir meine Habe beschlagnahmen. Da sind viele Leute gekommen und haben mich gewarnt. Ich [...] habe geantwortet, sie sollen nur kommen, ich fürchte sie nicht.»

Umsichtig organisierte Wibrandis den Umzug der Familie nach England – trotz der Drohungen durch die Andersgläubigen. Im Sommer 1550 fuhren alle nach Cambridge. Doch kurz nach ihrer Ankunft erkrankte Martin Butzer schwer. Ein halbes Jahr später, am 1. März 1551, starb er. Die Universität bereitete ihm ein feierliches Begräbnis. Wibrandis aber stand mit ihren 47 Jahren im fernen England am Grab ihres vierten Gatten, zusammen mit der vielköpfigen Familie. Als praktisch veranlagte Frau verkaufte sie alle Bücher von Martin Butzer. Mit diesem Geld und einer Witwenrente, die ihr der König zukommen liess, reisten alle zurück nach Strassburg zur verheirateten Tochter und ihrem Mann. Mit ihm konnte Wibrandis auf eine männliche Stütze zählen. Doch zwei Jahre später erreichte eine weitere Pestepidemie Strassburg. Tausende starben – unter ihnen auch der Ehemann der Tochter. So entschloss sich Wibrandis, wieder nach Basel zurückzukehren.

Elf Jahre verblieben Wibrandis noch in Basel. Ihre Töchter verheirateten sich alle in gute Basler Familien. Ihr einziger Sohn (aus der Ehe mit Capito) studierte in Marburg Theologie, doch er trieb sich in schlechter Gesellschaft herum. Wibrandis schrieb ihm einen eindringlichen Brief. Es ist das letzte Lebenszeichen, das man von ihr besitzt: «Lieber Hans Simon, ich habe keine Botschaft von Dir, seit der Bote von Marburg bei mir gewesen ist. Aber ich weiss wohl, wenn ich schon Botschaft hätte, so würde sie mich nicht erfreuen, denn es ist ein alter Brauch, dass ich nichts als Kreuz von Dir habe. O dass ich den Tag erleben sollte, wo ich etwas Gutes von Dir hörte; danach wollte ich mit Freuden sterben.» Sie ermahnte ihn, fleissig zu studieren und sich vor schlechter Gesellschaft zu hüten, und bat ihn, heimzukommen. Doch sie hörte nichts von ihm. Zehn Jahre später wurde er als verschollen erklärt. Wibrandis erlebte es nicht mehr, denn es folgte die nächste Pestepidemie. Wiederum wurden Tausende dahingerafft, darunter auch Wibrandis Rosenblatt. Sie starb am 1. November 1564 im Alter von 60 Jahren. Sie wurde im Grab von Johannes Oekolampad beigesetzt, was zeigt, wie sehr man sie schätzte. Heute sucht man im Kreuzgang jedoch vergeblich nach ihrem Namen, doch wurde vor einigen Jahren an ihrem Haus am Martinskirchplatz 2 eine Erinnerungstafel angebracht.

Wibrandis hat an der Seite der drei Reformatoren Beeindruckendes geleistet. Sie war ihnen stets eine grosse Stütze in den turbulenten Zeiten. Sie hat nicht nur das Bild der aufopfernden Pfarrfrau geprägt, sondern im Hintergrund wesentlich dazu beigetragen, dass diese drei Männer ihre wichtigen Aufgaben erfüllen konnten.

Helen Liebendörfer ist Historikerin,
Dozentin und Autorin.

 Ernst Staehhelin, Frau Wibrandis,
Bern und Leipzig 1934.
Helen Liebendörfer, Die Frau im Hintergrund.
Historischer Roman, Basel 2012.

Johannes Calvin (1509–1564)
Der Wirkmächtigste
unter den Reformatoren?

Lukas Kundert

«Wo Gott erkannt wird, kommt auch die Humanität zu Ehren» – dieser Satz beinhaltet gemäss Johannes Calvin die Summe aller Weisheit. Calvin weiss auch, was die rechte Gotteserkenntnis ist: Dass Gott nicht nur heilig und allmächtig, sondern auch väterlich und gütig ist. Erst aus dieser Erkenntnis heraus folge die rechte Erkenntnis des Menschen, nämlich dass er gänzlich dem Nichtigen verfallen wäre, wenn da nicht Gottes Gnade und Offenbarung wären. Die Endlichkeit des Menschen ist nichtig angesichts der Ewigkeit Gottes. Der ewige Gott jedoch erbarmt sich des Menschen in seiner Endlichkeit und Vergänglichkeit.

Diese Summe aller Weisheit klingt heute alles andere als modern und würde von den meisten Zeitgenossen schroff zurückgewiesen. Denn diese weichen der Tatsache der Vergänglichkeit des Menschen aus, ja verdrängt sie gar aggressiv. Sie stellen den autonomen und autarken Menschen auf jenen Sockel, auf dem Calvin Gott allein sehen wollte. Doch ohne Calvins Einsichten in die Verfallenheit des Menschen an das Nichtige und dessen radikale Angewiesenheit auf Gott wären die moderne Welt und deren Zivilisation undenkbar. Die unserer modernen Welt zugrundeliegende kritisch-aufgeklärte Grundhaltung ist nämlich ein aus der Bibel geschöpftes Korrektiv gegen alle selbstgerechte und nur sich selbst bestätigende Form des Christentums, aber auch gegen jede Form eines despotisch oder totalitär sich gebarenden Staates.

Insofern ist Calvin «katholischer» als es die Lutheraner sind, weil sich aus dieser kritischen Haltung gegenüber einer Verabsolutierung des Staates ein Kirchenverständnis *zwischen* Katholizismus und Luthertum ergibt. Denn Calvin zufolge muss neben dem staatlichen Recht auch ein eigenständiges kirchliches Recht bestehen können. Ein solches hatte er 1534 in Basel kennengelernt, als er in der Stadt am Rheinknie an der ersten Auflage seiner **Institutio** arbeitete. Basel nahm Calvin nach seinem Bruch mit der katholischen Kirche auf, und er wohnte unter dem Pseudonym Lucianus in einem heute nicht mehr näher zu identifizierenden Haus an der St. Alban-Vorstadt. Die Basler Reformation unterschied sich von den Reformationen in der übrigen Schweiz (und in Deutschland) in zwei Dingen. Erstens war sie eine Revolution von unten, nämlich von den Zünften, gegen die weltlichen Ansprüche des

Fürstbischofs, und zweitens wurde die Kirche in Basel nicht wie andernorts ganz und gar vom Staat geschluckt und ihr Recht von ihm aufgehoben, sondern der Rat der Stadt Basel gestand der Kirche einen (gewiss minimalen, aber doch eben vorhandenen) Bereich eigenständigen Kirchenrechts zu. War die Kirche in den übrigen reformatorischen Orten zur Staatsfunktion ohne eigenes Recht reduziert (wie es zum Beispiel heute das Polizeiwesen noch immer ist), war die Kirche in Basel eine Körperschaft mit einem zwar sehr eingeschränkten und doch eigenen Recht, vielleicht vergleichbar dem Verhältnis, wie es heute zwischen der verselbständigten Universität Basel und dem Staat besteht. Als später Calvin an den Genfersee berufen wurde, machte er seine Zusage davon abhängig, ob der Rat der Stadt Genf es ihm zugeständе, neben und in dem staatlichen Recht ein eigenständiges Kirchenrecht auszubilden.

Der Jurist Johannes Calvin hat damit eine Grundform geschaffen, die später mutatis mutandis von der modernen Staatstheorie übernommen wurde. Aber zunächst war seine Vorstellung von einer auch unabhängig von der staatlichen Obrigkeit existierenden Kirche von existenzieller Bedeutung für das Überleben von calvinistischen Protestantinnen und Protestanten unter den Verfolgungen der Gegenreformation. Denn diese Vorstellung erlaubte es (leichter als den Lutheranern) den Hugenotten in Frankreich einerseits und calvinistischen Ungarn andererseits auch *gegen* die Obrigkeit im Untergrund Kirche zu sein und unter römisch-katholischer Obrigkeit zu überleben. Schliesslich baut aber das moderne Verständnis von der Trennung von Religion und Staat, wie es zuerst in der amerikanischen Verfassung seinen Niederschlag gefunden hat und sich seither nach und nach als Grundsatz des Mit- und Nebeneinanders von Staat und Kirche durchsetzt, auf dieser «calvinistisch-katholischen» Dualität von staatlichem und kirchlichem Recht neben- und ineinander auf.

Diese Dualität ist insofern als «katholisch» zu bezeichnen, als sie mit dem römisch-katholischen Kirchenrecht gemeinsam hat, dass Kirche auch eine Kirche gegen den Staat sein kann. Sie ist aber «calvinistisch» insofern, als es aus Calvins Sicht im Gegensatz zum mittelalterlichen und gegenreformatorischen katholischen Verständnis kein Kirchenregiment geben kann, das als quasistaatliches Regiment weltlich herrschen könnte. So bewegt sich Calvins Vorstellung des Verhältnisses zwischen Kirche und Staat auf Messers Schneide zwischen der lutherischen Verstaatlichung der Kirche und der römisch-katholischen Verkirchlichung des Staates.

Viele Schweizerinnen und Schweizer können auf diesen wichtigen Aspekt von Calvins staatsrechtlicher Grundlegung des modernen Verständnisses einer Trennung von Kirche und Staat stolz sein. Tatsächlich zeigen sie jedoch eine gewisse kognitive und emotionale Mühe mit einem anderen Anliegen Calvins, welches die Einheit der Lehre betrifft. Die Kirche als solche wird nämlich nicht vom Fürsten oder von den Räten der Städte regiert, sondern hat sich betreffs ihrer Lehre selbst zu regulieren. Daher verlangte Calvin von den Lehrern (den Pfarrern), dass diese sich mindestens wöchentlich treffen sollten, um allfällige theologische Lehrunterschiede sogleich zu bereinigen. Die spezifisch helvetische Lösung, Kirchenspaltungen durch die Aufhebung einer einheitlichen Lehre zu verhindern, ist ganz und gar nicht im Sinne von Johannes Calvin. Ihm zufolge ist eine solche Aufhebung der Lehreinheit vielmehr als eigentliche Kirchenspaltung zu verstehen. Es könne keine Kirche geben, die sich auf individualistisch-separatistische Sondermeinungen begründe, im Gegenteil bedürfe sie des Ringens um einen Konsens. In unseren gegenwärtigen Kirchen wird dieses Ringen um den Konsens vermieden. Pluralität ohne Bezugspunkt, der für alle gleichermassen gelten sollte, kann letztlich aber nicht als Pluralität verstanden werden, sondern führt in eine schiere Beliebigkeit.

An dieser Stelle komme ich wieder auf den Anfang dieser kurzen Betrachtung zu sprechen. Dort findet sich die Einsicht Calvins, dass nicht wir uns selbst begründen, sondern ein Anderer es ist, der uns längst schon begründet hat. Daraus sollte meines Erachtens zwingend folgen, dass die Verliebtheit in die eigenen Erkenntnisse des Bibelworts immer dem Korrektiv der Bibel selbst zu unterstellen ist und damit auch dem Korrektiv der Interpretation der Heiligen Schrift durch andere. Weil wir wissen, dass wir davon befreit sind, auf uns selbst beschränkt zu sein, sind wir dazu fähig, auf andere zuzugehen, sie nicht als Gefahr zu sehen, sondern als einen Teil von uns, sie damit zu erkennen und anzuerkennen.

Möge Johannes Calvins wesentliche Erkenntnis, dass sich die Kirche und ihre evangelische Botschaft aus der Heiligen Schrift zu erneuen haben, in unseren Kirchen mehr und mehr Gestalt gewinnen in einem gewissenhaften und demütigen Hören auf Gottes Wort und einer frohen und heiteren Verkündigung in Wort und Tat.

*Lukas Kundert ist Kirchenratspräsident
der Evangelisch-reformierten Kirche des Kantons
Basel-Stadt.*

 Hermann J. Selderhuis (Hg.), Calvin Handbuch, Tübingen 2009.

Sebastian Castellio (1515–1563)
Ein Vorkämpfer des Toleranzgedankens

Markus Ritter

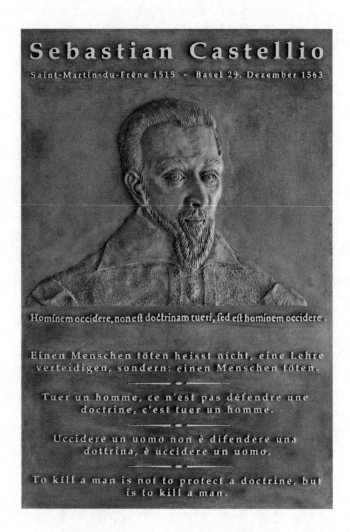

Fünfhundert Jahre sind seit der Geburt von Sebastian Castellio vergangen. Seine Jugend verbrachte er in bäuerlichen Familienverhältnissen in Savoyen. Seit den Waldenserverfolgungen herrschte in seiner Heimat Bugey eine Tradition des Widerstands in Glaubensfragen. Er hatte seine Herkunft nie vergessen: Zum einen sind seine Schriften vom Widerspruch gegen unduldsame Machtdurchsetzung geprägt. Zum anderen werden seine Texte erläutert durch so manches Beispiel des bäuerlichen Lebens und ruralen Alltags. Castellio wanderte als junger Mann aus und wirkte als protestantischer Humanist und Philologe im reformatorischen Umfeld, zuerst in Genf und dann in Basel. Seine Texte zur Toleranz im Umgang mit Ketzern, gegen Calvin und über die Kunst des Zweifelns sind zum fünfhundertsten Geburtstag in sorgfältig kommentierten Editionen neu aufgelegt worden.

Sebastian Castellio, der 1545 aus Genf nach Basel gekommen und hier mit seiner siebenköpfigen Familie 18 Jahre bis zu seinem Tod 1563 geblieben war, stand ganz in der humanistischen Tradition. Er wirkte hier zunächst als Korrektor beim Verleger Oporin und lebte in wirtschaftlicher Not. 1553 wurde er Professor der griechischen Sprache, hatte sich aber bis dahin innerlich von den antiken Schriftstellern entfremdet und lebte in tiefer Frömmigkeit. Zu Lebzeiten waren seine Sprachkenntnisse und seine Gelehrsamkeit berühmt. So war er z. B. Hauslehrer von Bonifacius Amerbachs Sohn Basilius. Seine **Dialogi sacri** (1543) waren als Schulbuch für Latein- und Bibelunterricht weit verbreitet. Castellio hatte später auch Homer, Herodot und Diodor übersetzt und eine lateinische und eine französische Bibelübersetzung publiziert.

Im Zeitalter der Gegenreformation stellte sich Castellio mutig über alle streitenden Parteien. Mit gegenseitiger Toleranz sollen die Glaubensrichtungen nebeneinander bestehen. Dafür warb er in seinen Schriften seit der Jahrhundertmitte. Sein Buch **Über Ketzer, und ob man sie verfolgen soll** (1554) löste eine grosse europäische Toleranzdebatte aus. Castellio liess aus allen Zeitaltern die Meinungen über Ketzermorde in Tatsachenberichten am Leser vorbeiziehen, um dann die Folgerung den Zeitgenossen und allen Nachfahren auf die Stirn zu schreiben: «Einen Menschen töten heisst nicht, eine Lehre verteidigen, sondern: einen Menschen töten.»

Der äussere Anlass zu diesem Monument der Toleranz, das Castellios Schriften insgesamt darstellen, war die Agitation des Reformators Johannes Calvin in Genf. Er hatte Michel Servet bei den katholischen Inquisitionsbehörden in Vienne denunziert. Auf der Durchreise in Genf liess er ihn durch Schergen gefangen nehmen. Dann verurteilte ihn der Rat zum Tod auf dem Scheiterhaufen und liess ihn am 27. Oktober 1553 anzünden und lebendigen Leibes verbrennen. Dies alles geschah auf Betreiben der reformierten Kirche der Stadt Genf. Als «Skandal der Skandale» bezeichnete Castellio diesen Mord, «der wohl kaum jemals in Vergessenheit geraten wird».

Castellio agierte nicht als einsamer Rufer, sondern sprach auch im Sinne seiner gediegenen, intellektuellen Basler Freundschaftsbande. Viele der Refugianten in Basel waren zuvor der Inquisition oder Ketzerverfolgung entflohen. Das Haupt der Flüchtlingsgemeinde war Caelius Secundus Curione. Castellio hatte seine Gedanken zur Häresie bestimmt in Curiones Gelehrtenkreis diskutiert, bevor er sie publizierte. Und David Joris, der vielgeschmähte Täufer im Basler Versteck, hatte zuvor in einem Brief an die evangelischen Schweizer Städte viele Argumente aus Castellios Buch bereits angesprochen. Die Basler Calvin-Gegner neigten zu antitrinitarischen Gottesvorstellungen, sie setzten sich also über die Konzile der Alten Kirche hinweg. Die Humanisten redeten der «Unsichtbaren Kirche» das Wort, die alle Menschen umfasse. Ihr Gottesbegriff war weiter und tiefer als dasjenige, was in Calvins Prädestinationslehre Platz hatte. Ihre Gesinnung ist edel geprägt von der florentinischen Renaissance-Geistigkeit eines Pico della Mirandola. Und sie alle lebten in der Erwartung der baldigen Wiederkunft Christi. Basel war in diesen Jahrzehnten das Zentrum des geistigen Widerstandes gegen die Ketzermorde. Dieser Widerstand ging unter anderem von den Druckern Oporin, Perna und Parcus aus und wurde von angesehenen Persönlichkeiten des öffentlichen Lebens wie Bonifacius Amerbach, Thomas Plater und Jean Bauhin mitgetragen.

Castellio ist kein Reformator. Vielmehr ist er der Spiegel, in dem die Reformation ihre Fratze zu sehen bekommt. Beim Zustand der Reformation, die im «Nicht-mehr-katholisch-sein-Dürfen» das einzige Verbindende fand, bewahrt hatte und im Übrigen eine Vielfalt streitsüchtiger Glaubensbekenntnisse offenbarte, tritt Castellio für eine bedingungslose religiöse Toleranz ein. Heutigen Zeitgenossen mutet Castellio mit seinem Toleranzaufruf geradezu modern an. Sein Erbe lebt als Auftrag an den aufgeklärten, säkularisierten Rechtsstaat weiter, ein respektvolles multireligiöses Zusammenleben einzufordern. Unbesehen der religiösen Zugehörigkeit soll der Verkehr unter den Menschen in unserer Stadtrepublik friedlich, sachlich und respektvoll bleiben. Diese Toleranz soll auch gegenüber denjenigen praktiziert werden, die sich mit keiner Kirche oder Religionsgemeinschaft zu verbinden vermögen.

Calvin strengte über kirchliche Mittelsmänner ein Strafverfahren gegen Castellio an. Sein Mitstreiter Beza beschuldigte Castellio, er sei Libertiner, Pelagianer, Patron aller möglichen Verbrecher wie Häretiker, Ehebrecher, Diebe usw., er sei Papist und Gotteslästerer, Akademiker und Anabaptist. Castellio widerlegte die Vorwürfe im Einzelnen, sein Text wurde aber nicht gedruckt. In seinem letzten schriftlichen Zeugnis, das am 24. November 1563 an den Basler Rat gelangte, verteidigte er sich gegen eine Anklage aus Genf. Der Gerichtstermin war bereits angesetzt. Castellios Lage war aussichtslos geworden. Es ist kaum denkbar, dass ein weltliches Basler Gericht im Jahr 1563 noch die Autorität gehabt hätte, Castellio von der giftig angereicherten Anklage freizusprechen. Man erinnere sich: 1559 liess die Stadt David Joris drei Jahre nach seinem Tod exhumieren, damit die Gebeine in einem Showprozess eingeäschert werden konnten. Die Gesellschaft war von einem menschenverachtenden Furor getrieben. Emotionen behausten die Köpfe. Und ein kriegerischer Sprachgebrauch liess Schlimmes ahnen. Castellios Tod kam der Verurteilung zuvor. Am 29. Dezember 1563 schlief er verarmt, ausgezehrt und umzingelt vom Meineid der Genfer Reformatoren ein. Zeitgenossen schildern Castellios bescheidenen und frommen Lebenswandel. Unter den Studenten war er als Lehrer beliebt gewesen und in der Stadt respektiert und geachtet worden. Drei polnische Studenten stifteten ihm ein einfaches Epitaph im Kleinen Kreuzgang des Münsters. Die Überlieferung von Christian Wurstisen (1577) belegt seine Existenz und den Wortlaut. Die Universität veranstaltete eine ehrenvolle Abdankung.

Schon bald nach seinem Tod wurde das Epitaph und jede Erinnerung an Castellio zum Ärgernis. 1586 übernahm Johann Jakob Grynaeus, ein Calvinist, das Amt des Antistes der Basler Kirche. In den folgenden Jahrzehnten der Hochorthodoxie wirkte er als Rektor auf die Besetzung von Lehrstühlen der Universität ein. Es gibt Grund zur Vermutung, dass die Beseitigung von Castellios Epitaph in der zweiten Hälfte des 17. Jahrhunderts unter kirchlicher Führerschaft geschah. Für die orthodoxe Kirche war selbst ein toter Häretiker ein gefährlicher Häretiker. Man wollte in Basel keine erneuerte Debatte der Toleranzdenker wie in den Niederlanden von 1610 bis 1618 im Remonstrantenstreit. 1661 wird das Epitaph Castellios letztmals erwähnt. Und 1703 wird an dieser Stelle ein neues Epitaph für den sanftmütigen Antistes Peter Werenfels angebracht.

Die Auslöschung der Erinnerung an Castellio kann als die zweite «Schande des Jahrhunderts» aufgefasst werden. Montaigne hatte diese Formel in seinen Essais (1580) geprägt und tadelte damit seine Zeitgenossen, die einen solch hervorragenden Geist in Armut hatten darben lassen. Es ist bedauerlich, dass im Kreuzgang des Basler Münsters die Erinnerung an Persönlichkeiten wie Sebastian Castellio, die keine institutionelle, sondern eine geistesgeschichtliche Bedeutung hatten und in ärmlichen Verhältnissen lebten, verdrängt worden ist.

Basel tut sich über alle Jahrhunderte hinweg schwer mit der Erinnerung an Castellio. Nachdem im Münsterkreuzgang sein Andenken vernichtet war und seine Schriften in Vergessenheit gerieten, waren es Jacob Burckhardt und einige Zeitgenossen, die sich vom Genfer Reformator durch innerprotestantische Selbstkritik distanzierten. Pointiert formuliert Jacob Burckhardt sein Schlussurteil über Calvin, den erbittertsten Feind Castellios: «Die Tyrannei eines einzelnen Menschen, welcher seine Subjektivität zum allgemeinen Gesetz macht und nicht nur die sämtlichen übrigen Überzeugungen, nota bene auch die sehr gut protestantischen, knechtet oder verjagt, sondern jedermann in den unschuldigsten Geschmacksangelegenheiten tagtäglich beleidigt, ist nie weiter getrieben worden.» Seit 150 Jahren wird in Basel das Wissen über Castellio, das Genfer Calvin-Regime und die Toleranzdebatte gefördert durch Jacob Mähly und Jacob Burckhardt im 19. Jahrhundert, Emil Dürr, Max Geiger, Werner Kägi, die Kägischüler Markus Kutter, Hans R. Guggisberg, Uwe Plath, Julia Gauss und Carlos Gilly im 20. Jahrhundert. Aber diese Erinnerung an Castellio blieb in Basel weitgehend auf akademische Fachkreise beschränkt. Selbst Stefan Zweigs der Nazi-Zensur unterstellte Novelle **Castellio gegen Calvin oder Ein Gewissen gegen die Gewalt** (1936) löste in Basel kein dem Werk angemessenes Echo aus. Das hier über Jahrhunderte andauernde Ressentiment massgebender Kreise des öffentlichen Lebens gegen Castellio musste sich nie öffentlich erklären, was heute schwer verständlich erscheint.

Der Fall dürfte nicht oft auftreten, dass ein zu Lebzeiten berühmter, aber mit Zensur bestrafter und in den folgenden Jahrhunderten weitgehend vergessener Autor nach beinahe 500 Jahren wieder auf ein verständnisvolles Publikum trifft. Seinen Kontrahenten zu Lebzeiten bleibt ein kurz- und mittelfristiger, Castellio aber mit seinem liberalen Toleranzgebot der langfristige Erfolg. Seit November 2016 erinnert eine Gedenktafel an den berühmten Toleranz-Vorkämpfer. Die Vischer-Mylius Stiftung hat sie der Stadt geschenkt. Sie ziert eine Mauer beim lauschigen St.-Alban-Kirchplatz. Der stille Ort ist stimmig und historisch zutreffend – hier im frühindustriellen St.-Alban-Tal hat Castellio mit den Papierern und Druckern verkehrt, um seinem ärmlichen Broterwerb als Korrektor und Autor nachzugehen.

Castellioweglein heisst eine Treppe, die vom stillen Kirchhof mit der Gedenktafel hinauf in die bürgerliche St.-Alban-Vorstadt führt. Unweit davon ist Jacob Burckhardts Wohnstätte, in der er seine kritischen Gedanken über Calvin und die Gegenreformation zu Papier brachte. Die Gedenktafel beim St.-Alban-Kirchplatz und der Wohnsitz Jacob Burckhardts in der St.-Alban-Vorstadt scheinen einen Bezirk zu markieren, in dem Basel das originellste geistige Vermächtnis seiner Geschichte findet.

Markus Ritter ist Generalsekretär am
Präsidialdepartement des Kantons Basel-Stadt.

 Mirjam van Veen, Die Freiheit des Denkens.
Sebsatian Castellio als Wegbereiter der Toleranz
1515 – 1563, Essen 2015.

Jacob Bernoulli (1654–1705)
Ein Theologe als Geometer

Martin Mattmüller

«Ebenso wie durch die Erzeugung der *wunderbaren Spirale* die Selbstmitteilung des göttlichen Wesens *nach innen* sinnreich angedeutet wird, in welcher der Sohn aus dem innersten Sein des Vaters wie aus einem Nabel entspringt – nicht geringer, sondern ihm ganz gleich –, so wird durch die Erzeugung der *Zykloide* die Einprägung des göttlichen Ebenbildes *nach aussen* passend dargestellt, in welcher der Schöpfer aus unendlicher Entfernung seinen Geschöpfen das göttliche Licht verleiht.»

Der hier wiedergegebene Satz, der 1692 in einer mathematischen Abhandlung in der führenden wissenschaftlichen Zeitschrift des deutschsprachigen Raums, den **Acta Eruditorum**, erschienen ist, verquickt in ganz eigenwilliger Weise ein differentialgeometrisches Theorem mit einer theologischen Interpretation. Auch wenn wir hier nicht näher auf den Inhalt der Metapher eingehen können, ist die Verbindung dieser beiden Ebenen doch ungemein charakteristisch für den Autor. Wer war dieser Basler Theologe, der zu einem der führenden Mathematiker seiner Zeit geworden ist?

Jacob Bernoulli ist am 27. Dezember 1654 in Basel geboren, wohl gleich neben dem Rathaus. Er gehörte einer Familie von wohlhabenden Kaufleuten an, die ursprünglich aus den Niederlanden stammte und sich zwei Generationen zuvor in Basel niedergelassen hatte. Als Erster seiner Familie studierte er – zunächst an der philosophischen Fakultät, wo er 1671 den Magistergrad erwarb, dann an der theologischen. Im März 1676 legte er seine Abschlussprüfung ab und durfte sich fortan *Sacri Ministerii Candidatus* nennen, war also zu Amtshandlungen als reformierter Pfarrer berechtigt. Diese Befugnis übte er in den folgenden Wanderjahren, die er zunächst als Hauslehrer einer blinden jungen Frau in Genf, dann in den Diensten einer Adelsfamilie in einer reformierten Gemeinde bei Limoges verbrachte, auch aus: Stolz vermerkt er in seinem **Reisbüchlein**, dass er dort jeden Sonntag gepredigt hat – im Juni 1679 «das erste Mal französisch» –, das Abendmahl gefeiert («den Wein in Gläsern wie in Genf»), ein Kind getauft und eine Konfirmandin examiniert.

Noch in Genf hat Bernoulli 1677 ein Journal für seine «theologischen und philosophischen Überlegungen, Anmerkungen und Beobachtungen» angelegt (**Meditationes, Annotationes, Animad-**

versiones Theologicae & Philosophicae, a me JB. concinnatae & collectae), das er bis wenige Monate vor seinem Tod weiterführte. Im Verlaufe seiner zweiten und letzten grösseren Reise, die ihn in die Niederlande und kurz nach England geführt hat, tritt dort jedoch mehr und mehr seine Auseinandersetzung mit dem in den Vordergrund, was damals der innovativste Zweig der Wissenschaft war: der Erkenntnis- und Naturphilosophie im Gefolge Descartes'. Bernoullis erste Publikationen gelten denn auch der cartesischen Physik und Astronomie; und nach der Rückkehr in seine Heimatstadt beginnt er 1683 die Tätigkeit, mit der er sich für eine akademische Karriere qualifizieren will, mit einem Kollegium über Experimentalphysik, das er im Kreuzgang der Leonhardskirche mit Demonstrationen würzt. Gleichzeitig forscht er aber auch über die Methodik der wissenschaftlichen Erkenntnis und legt damit den Grund für sein später einflussreichstes Werk, die erst nach seinem Tod 1713 veröffentlichte **Ars Conjectandi** (etwa «Die Kunst des Mutmassens»), in der er die Schlussregeln der Logik auf Entscheidungen unter Ungewissheit ausdehnt. Und er gründet eine Familie: mit seiner Frau Judith Stupanus und zwei Kindern bezieht er ein Haus am Barfüsserplatz.

Im Februar 1687 ist es dann so weit: Jacob Bernoulli tritt den Lehrstuhl für Mathematik an der Universität Basel an – damals den einzigen in der Schweiz! –, den er bis zum Ende seines Lebens besetzen wird. Das folgende Jahrzehnt ist Bernoullis aktivste Zeit: er bewältigt ein grosses Vorlesungspensum, engagiert sich in der Universitätspolitik und betreut eine Reihe von Magisterarbeiten. Unter den Schülern, die diese Arbeiten öffentlich disputieren, finden wir übrigens einen gewissen Paul Euler, dessen Sohn später das weltanschauliche und wissenschaftliche Erbe, das er im Pfarrhaus von Riehen mitbekommen hat, nach Europa hinaustragen wird. Auch für Leonhard Euler – zweifellos den fruchtbarsten Mathematiker des 18. Jahrhunderts – hat sein Glaube lebenslang den festen Boden bedeutet, von dem aus sein Blick frei und weit in die Welt hinaus ging.

Kein Jahrzehnt nachdem sich Jacob Bernoulli intensiv in die cartesische Geometrie eingearbeitet hat, hat er in seinem Fach den zweiten grossen Innovationsschub zu bewältigen: Gottfried Wilhelm Leibniz hat seit Anfang der 1680er Jahre in einigen knappen, schwer verständlichen Artikeln in den Leipziger **Acta Eruditorum** die neu entwickelte Methode der Differentialrechnung skizziert. Bernoulli bittet ihn brieflich um Aufklärung schwieriger Punkte; aber Leibniz ist auf Reisen und antwortet erst drei Jahre später. Mittlerweile haben sich Jacob Bernoulli und sein zwölf Jahre jüngerer Bruder Johann den neuen Kalkül aber schon so weit angeeignet, dass Leibniz das bei der Lektüre ihrer ersten Arbeiten dazu nicht nur erkennt, sondern selbst Einsichten daraus übernehmen kann. So findet sich in einer 1690 publizierten Abhandlung, mit der Jacob ein von Leibniz gestelltes Problem löst, erstmals das Wort «Integral», das sich rasch allgemein durchgesetzt hat.

In den folgenden Jahren veröffentlicht Bernoulli über dreissig Artikel – viele davon enthalten bahnbrechende Resultate und Techniken –, in denen er den Differential- und Integralkalkül auf die Geometrie von Kurven und Flächen anwendet. Auch der erste systematische Traktat über unendliche Reihen entsteht in dieser Zeit: einmal mehr ein Thema, bei dem Bernoulli seine mathematischen Einsichten mit Spekulationen über letzte Fragen verbinden kann. Im ersten Teil dieser Arbeit findet sich sein Widmungsgedicht (hier zitiert in der Übersetzung von Gerhard Kowalewski, 1909):

«*Wie die unendliche Reihe sich fügt zur endlichen Summe*
Und der Grenze sich beugt, was dir grenzenlos scheint,
So im bescheidenen Körper verbirgt der unendlichen Gottheit
Spur sich, und grenzenlos wird, was doch so eng ist begrenzt.
Welche Wonne, zu schau'n im Unermessnen das Kleine
Und im Kleinen zu schau'n ihn, den unendlichen Gott!»

Jacob Bernoullis «goldenes Jahrzehnt» ist nicht frei von Schwierigkeiten: Seine Lehrtätigkeit an der provinziellen Basler Universität beschränkt sich notgedrungen auf ganz elementare Gebiete der Algebra und Geometrie, seine Arbeit an der Front der internationalen Forschung findet vor Ort kaum ein Echo, und seine Anstrengungen um einen moderneren Lehrplan scheitern am Widerstand konservativer Kollegen. Dazu kommt der Bruch mit dem Bruder und Schüler Johann, der die eigenen akademischen Ambitionen in Basel blockiert sieht und sich zunächst mit Privatunterricht in Paris, dann an der Universität Groningen eine Karriere aufbaut. Von dort aus beginnt er die Fachwelt und ganz besonders seinen älteren Bruder mit Herausforderungen und harscher Kritik einzudecken. Der langjährige Streit, der folgt, absorbiert viele Kräfte und schädigt letztlich den Ruf beider Kontrahenten in der akademischen Öffentlichkeit.

Dazu kommt, dass sich Jacob von einer Krankheit, die ihn 1692 befallen hat, nie mehr ganz erholt: Chronische Gelenkschmerzen, die er auch mit Kuren in Baden und Plombières nur kurzfristig lindern kann, und Schwächezustände machen ihm zu schaffen. Mit erst gut vierzig Jahren ist Bernoulli zwar als einer der führenden Mathematiker Europas anerkannt, hat aber an vielen Fronten zu kämpfen. Ende der 1690er Jahre schleicht sich ein resignierter Ton in seine Briefe ein; anstatt neue Ideen zu entwickeln, ist er zunehmend mit der Vorbereitung seines Nachlasses beschäftigt: Er beginnt einzelne Abschnitte aus den **Meditationes** in ein Heft zu kopieren, in das er selbst die Überschrift **Varia Posthuma Jacobi Bernoulli** einträgt, und klagt, dass seine Kräfte für die Vorbereitung seiner «Stochastik» – des späteren Jahrhundertwerks zur Wahrscheinlichkeitstheorie, in dem er zu Recht eine bedeutende Innovation sieht – nicht mehr ausreichen.

Ende 1703 entschliesst sich Johann Bernoulli, mit seiner Familie aus den Niederlanden heimzukehren, angeblich um in Basel Professor des Griechischen zu werden, aber in Wirklichkeit – wie Jacob in seinem letzten Brief an Leibniz schreibt – in der begründeten Hoffnung, in naher Zukunft den Mathematik-Lehrstuhl erben zu können. Jacob Bernoulli stirbt in Basel am 16. August 1705, im Alter von nur gut fünfzig Jahren; zwei Tage später wird er auf dem Friedhof bei der Barfüsserkirche begraben. Erst bei dessen Aufhebung im 19. Jahrhundert ist die Grabtafel mit der bekannten Spirale und der Devise *Eadem mutata resurgo* («Verwandelt erstehe ich als dieselbe»), die er sich gewünscht hat, in den Kreuzgang des Münsters verlegt worden.

Bei der Gedenkfeier, welche die Universität am 23. November 1705 abhielt, trug der Jurist Johann Jacob Battier einen ausführlichen Lebenslauf vor, aus dem hier abschliessend ein Satz zitiert sei: «Unser Bernoulli hat sich in seinen Arbeiten dazu bekannt, dass es ihm darum ging, durch seine Betrachtungen die Spuren der Weisheit seines Schöpfers in dessen Werken zu ergründen.»

Martin Mattmüller ist Mathematiker und
Geschäftsführer des Bernoulli-Euler-Zentrums
der Universität Basel.

 Eine etwas ausführlichere Fassung dieses Texts mit Originalzitaten und vollem bibliografischen Nachweis der Quellen ist auf der Website des Bernoulli-Euler-Zentrums unter der Adresse https://bez.unibas.ch/publ.php abzurufen.

Wilhelm Martin Leberecht de Wette (1780–1849)
Ein unfreiwilliger Wahlbasler

Hans-Peter Mathys

1827.

An Wilhelm Martin Leberecht de Wette erinnert in Basel heute nur noch das beim Bahnhof gelegene Schulhaus und die an es angrenzende Strasse, die seinen Namen tragen. Im 19. Jahrhundert gehörte er zu den prägenden, ja überragenden Mitgliedern der hiesigen Theologischen Fakultät. Er engagierte sich auch stark in der Gesamtuniversität und wirkte in der Kirche mit. Wer war dieser Mann?

Geboren ist er am 12.1.1780 im thüringischen Ulla, als Sohn eines lutherischen Pfarrers – das Geschlecht stammte ursprünglich aus den Niederlanden. Das Gymnasium besuchte er in Weimar, wo er in Kontakt mit Johann Gottfried von Herder trat, der auf ihn einen starken Eindruck machte. 1799 nahm er in Jena das Studium der Theologie auf. Die Lehrer, die ihn dort vor allem prägten – Johann Jakob Griesbach, Johann Philipp Gabler und Heinrich Eberhard Gottlob Paulus –, sind heute weitgehend vergessen, gehörten damals aber zu den bedeutenderen Vertretern ihrer Zunft. In Jena erfolgten auch Promotion und Habilitation. Seine Promotionsschrift, die nur gerade sechzehn Seiten umfasst, wird noch heute in jeder Einleitung in das Alte Testament erwähnt. In ihr weist er nach, dass das unter König Josia aufgefundene Gesetzesbuch (2. Könige 22) mit dem 5. Buche Mose identisch ist, allerdings nicht Mose als Verfasser hat. Diese These, mit der er berühmt wurde, findet sich in seiner Dissertation allerdings in einer Fussnote und auch in dieser nur in einer Klammerbemerkung. Die Promotion erschien 1805, ins gleiche Jahr fällt auch seine Heirat mit Eberhardine Boie, die nur ein Jahr später im Kindbett verstarb – ein Schicksalsschlag, von dem sich de Wette nie richtig erholte. Er sollte sich noch zwei Mal verheiraten, aber glücklich waren diese Verbindungen nicht. 1807 wurde er ausserordentlicher, zwei Jahre später ordentlicher Professor für Altes und Neues Testament in Heidelberg. 1810 wechselte er als Professor für Theologie an die neugegründete Universität Berlin über. Er erfreute sich bei Studenten grosser Beliebtheit – er galt bei ihnen als verständlicher als die beiden anderen bedeutenden Professoren der Theologischen Fakultät, Marheineke und Schleiermacher, zu Letzterem entwickelte sich mit der Zeit ein freundschaftliches Verhältnis. De Wettes pädagogische und rhetorische Begabung machten ihn übrigens auch zum bekannten Prediger, unter dessen Kanzel man gerne sass. Seiner Berliner Tätigkeit setzte 1819 ein unglücklich formulierter Brief ein jähes Ende. In diesem versuchte er die Mutter von Karl Ludwig Sand, einem Studenten der Theologie und Burschenschafter, zu trösten; dieser hatte August Friedrich Ferdinand von Kotzebue getötet, einen Schriftsteller, der auch als russischer Generalkonsul tätig war. De Wette wurde entlassen, obwohl der Senat eine Petition zu seinen Gunsten verfasste und er auch sonst vielfältige Unterstützung – nicht zuletzt finanzieller Art – erfuhr; sogar Georg Wilhelm Friedrich Hegel, der sein Gegner war, setzte sich für ihn ein. De Wette verlor auch die Lehrerlaubnis und musste Preussen verlassen. Er zog sich für kurze Zeit ins heimatliche Weimar zurück. 1822 wurde er als Prediger an die Kirche St. Katharinen in Braunschweig berufen – eine Wahl, gegen die König Georg IV. aus Rücksicht auf Preussen opponierte. De Wette nahm darauf den weniger lukrativen Ruf an die Universität Basel an, wo er bis zu seinem Tode (16.16.1849) wirkte. Seine Berufung dorthin war allerdings nicht geräuschlos über die Bühne gegangen. Allein fast die ganze Fakultät hatte sich gegen de Wette ausgesprochen. Und ein Mitglied der bedeutenden Theologenfamilie Buxtorf meinte, man stehe vor der Entscheidung, ob in Basel Rationalismus oder Suprarationalismus herrschen solle, d.h. Pietismus oder Liberalismus. Mit der Zeit verbesserte sich de Wettes schlechtes Verhältnis zum frommen Basel. Es gelang ihm, zwischen den theologischen Fronten zu vermitteln.

De Wette, der den Lehrstuhl für praktische Theologie innehatte, beschränkte sich nicht auf dieses Fach, sondern deckte, wie besonders seine unzähligen Bücher deutlich machen, praktisch alle Gebiete der Theologie ab. Er publizierte zwar noch weiter in der alttestamentlichen Wissenschaft, aber diese Arbeiten besitzen nicht mehr die gleiche Bedeutung wie seine Dissertation – vielleicht mit einer Ausnahme: In seinen Untersuchungen zu den Psalmen, in denen er «lyrische Gedichte» erblickt, bringt er die formgeschichtliche Methode, die im allgemeinen nur mit dem Namen Hermann Gunkels in Verbindung gebracht wird, bereits zur Anwendung. Mit dieser Methode untersucht man, wo die Psalmen ihren «Sitz im Leben» haben, das heisst, wo und bei welchen Gelegenheiten sie gesungen wurden. In Vergessenheit geraten ist der Kommentar de Wettes zu allen Büchern des Neuen Testaments – eine Leistung, die nach Respekt heischt. Die Auslegungen erschienen zum Teil in mehreren Auflagen; sie prägten den Blick unzähliger Theologen auf das Neue Testamente, und noch heute äussern sich viele Neutestamentler anerkennend über sie. Als Kirchenhistoriker ist de Wette durch seine Ausgabe der Lutherbriefe bekanntgeworden. Sein Herz schlug jedoch vor allem für die Systematische Theologie, die Dogmatik. Im Zentrum der einschlägigen Arbeiten steht dabei das Verhältnis zwischen Vernunft und Offenbarung – dieses blieb ihm zeitlebens ein Problem; zu einer klaren Lösung gelangte er nicht. Die stärksten geistigen Anregungen erhielt de Wette vom Philosophen Jakob Friedrich Fries, einem Kantianer, mit dem er in Heidelberg eng verkehrte.

De Wettes schriftstellerische Tätigkeit beschränkte sich nicht auf die Theologie – er publizierte auch zwei Bildungsromane: **Theodor oder des Zweiflers Weihe** und **Heinrich Melchthal oder Bildung und Gemeingeist**, zwischen denen er – mit den Worten Karl Pestalozzis ausgedrückt – «von einem verspäteten Romantiker zu einem frühen Liberalen geworden [war]». De Wettes fast manische Publikationstätigkeit hatte übrigens einen ganz handfesten Grund: seine ständigen Geldsorgen!

Zurück zu seinem Wirken in Basel: De Wette stellte sich seiner Universität fünf Mal als Rektor zur Verfügung, und als diese in den Wirren der Kantonstrennung fast unterzugehen drohte, setzte er, der 1829 das Schweizerbürgerrecht erworben hatte und die Stadt vehement gegen die aufrührerische Landschaft verteidigte, sich mutig für ihre Rettung ein. Vielleicht gäbe es ohne ihn die Universität Basel nicht mehr.

So erfolgreich und bedeutend de Wette als Theologe und Universitätspolitiker war, persönliches Lebensglück blieb ihm weitgehend verwehrt, wie aus seinen Briefen hervorgeht. In ihnen dominieren zwei Themen: Geldsorgen und die Bemühungen, eine passende Gefährtin zu finden.

Beigesetzt wurde de Wette ursprünglich auf dem Gottesacker St. Elisabethen – dort, wo sich heute das nach ihm benannte Schulhaus und die gleichnamige Strasse befinden. Nach der Auflösung dieses Friedhofs fand er seine letzte Ruhe auf dem Wolf-gottesacker. Noch bis vor kurzem suchten dort Theologen und historisch Interessierte sein Grab auf. Er ist zu Recht noch nicht vergessen.

Hans-Peter Mathys ist Professor für Altes Testament an der Universität Basel.

 Wilhelm Martin Leberecht de Wette. Ein Universaltheologe des 19. Jahrhunderts, Studien zur Geschichte der Wissenschaften in Basel NF 1, hg. v. H.-P. Mathys u. K. Seybold, Basel 2001.

Margaretha Merian-Burckhardt (1806–1886)
Reich, konservativ, fromm

Robert Labhardt

Margaretha Merian-Burckhardt war zunächst die Gattin des gefeierten Stifters Christoph Merian (1800–1858). Die beiden hatten 1824 geheiratet und von Vater Merian als Hochzeitsgeschenk das Landgut Brüglingen erhalten, dessen Kern heute die Meriangärten bilden. Hier begann durch immer neue Zukäufe Christoph Merians Aufstieg zum reichsten Landbesitzer der Schweiz. Margaretha selbst stammte ebenfalls aus einer hochbegüterten Seidenbandfamilie. Über ihren erbbedingten Anteil am Merian'schen Vermögen wissen wir nichts.

Während ihren Ehejahren trat Margaretha nie aus dem Schatten ihres Mannes heraus und erfüllte die traditionelle Rolle der dienenden Frau, die dem Mann den Rücken frei hielt, dem im Alter erblindeten Schwiegervater das Leben erleichterte und wenig später ihren eigenen kranken Mann dessen letzte acht Lebensjahre pflegte. Zugleich war sie sich ihres gesellschaftlichen Status bewusst. Sie dirigierte eine Schar von Bediensteten, die für die persönlichen Bedürfnisse der Herrschaft, für Küche, Haushalt und Garten zuständig waren. Die Merians lebten sommers im düsteren Bau des Ernauerhofs am St. Albangraben und winters auf ihrem auch schon in die Jahre gekommenen Landsitz in Brüglingen. Lieber als in private Bedürfnisse investierte der junge Christoph Merian die Erbschaft seiner Mutter in das von Melchior Berri projektierte landwirtschaftliche Ensemble in Vorder Brüglingen: ein stolzes Pächterhaus im toskanischen Landhausstil samt einem mächtigen Ökonomiegebäude mit Speichern und Stallungen. Die Villa Merian selbst entstand in ihrer heutigen Gestalt erst nach Merians Tod und ausdrücklich als Geschenk an seine Frau.

Die Investitionen der Merians bekundeten bei aller Zurückgezogenheit Eigensinn und Selbstbewusstsein. Darin wiesen sie sich als Angehörige der Basler Stadtelite aus, mit der sie durch vielfache Versippung eng verflochten waren. Reichtum, gepaart mit hoher Selbstdisziplin und Sparsamkeit im Kleinen, protestantische Frömmigkeit mit grossen Gesten der Wohltätigkeit und Pflege familiärer Tradition – das waren die Werte, welche die Merians auszeichneten, die sie aber durchaus auch mit dem Basler «Daig» teilten. Das Paar war kinderlos geblieben, so dass sich die familiären Verbindungen in die Verwandtschaft Margarethas hinein festigten. Ihre Geschwisterfamilien, vor allem ihr älterer Bruder Daniel Burckhardt-Forcart, später Nichten und Neffen, bildeten das Vertrauensnetz, in dem Margaretha nach dem Tod ihres Mannes Halt fand und ihre kulturellen und eben auch religiösen Werte zu bewahren hoffte.

Mit Merians frühem Tod wurde Margaretha «zeitweilige» Universalerbin einer Hinterlassenschaft von fast 20 Millionen Franken. Danach sollte das Vermögen der «lieben Vaterstadt Basel» zufallen in Form einer eigenständig verwalteten Stiftung. Margaretha Merian vollzog die testamentarischen Anweisungen in grosser Loyalität gegenüber ihrem verstorbenen Mann. Sie pflegte das öffentliche Andenken des Stifters, indem sie das Gut Brüglingen als Gedenk- und Vermächtnisort erhalten wissen wollte, und sie setzte durch, dass im Stiftungsrat solange als möglich mindestens ein Familienmitglied vertreten war. Gleichzeitig aber begann die Witwe in ihren Vergabungen ein eigenes Profil zu zeigen, eine betonte Hinwendung zur Unterstützung reformierter Werke und Einrichtungen.

Das sichtbarste Zeichen der Kontinuität des ehelichen Vermächtnisses bildete zweifellos – neben dem Ausbau und Unterhalt des neuen Bürgerspitalflügels – der Bau der Elisabethenkirche. In derselben Zeit, als der deutsche Kaiser den Kölner Dom seiner zweiten baulichen Vollendung entgegenführte, stiftete Christoph Merian den hervorragendsten neogotischen Sakralbau der Schweiz. Margaretha Merian übernahm bis zu dessen Fertigstellung 1866 die gesamten Kosten, obwohl diese den ursprünglich vorgesehen Betrag um ein Vielfaches überschritten. Die Elisabethenkirche ist Basels erster Kirchenbau seit der Reformation. Um acht Meter höher als das Münster war sie gedacht als städtebaulich kraftvolle Aufforderung zur christlichen Rückbesinnung in einer von «materiellen Interessen» beherrschten Zeit. Sie bedeutete aber auch eine Selbstverewigung des Stifterpaars Merian-Burckhardt, sichtbar in einer der Familie vorbehaltenen Loge mit direktem Blick zur Kanzel, dem «Merianstübli», und in der Stiftergruft mit den beiden mächtigen Marmorsarkophagen unter dem Chor. Beides war wohl Ausdruck eigener Frömmigkeit, aber auch der sozialen Distanz zum normalen Kirchenvolk, wie man sie andernorts bei Fürsten findet.

Margaretha Merians persönlichstes Anliegen in ihrer fast dreissigjährigen Witwenzeit wurde die Kleinkinderschule St. Elisabethen. Mit Hilfe von Pfarrer Karl Sartorius hielt sie ihre Absicht in «Organisationsgrundsätzen» fest: Es sollte eine christliche Schule werden ohne Konzessionen an die modernen Kindergärten nach dem Modell Friedrich Fröbels, die mit Lernspielen die Entfaltung kindlicher Kreativität anstrebten. Disziplin sollte im täglichen sechsstündigen Unterricht herrschen, auch von ärmeren Familien sollte ein minimales Schulgeld als Eigenleistung entrichtet werden; unreinliche Zöglinge wurden nach Hause geschickt; alle Einsprachen und Anliegen mussten über die Vorsteherin erfolgen. Als der weibliche Trägerverein gewisse pädagogische Neuerungen beschloss – mehr Denkübungen und Anschauungsunterricht im Winter und mehr Aufenthalt im Freien zur Sommerzeit –, intervenierte Frau Merian und übernahm gleich selbst das Schulregiment. «Der bei der Erziehungsweise in dieser Schule waltende Sinn und Geist soll zu allen Zeiten (!), wie bisher, ein rein evangelisch biblischer, kindlich frommer sein.» Unterhaltung mit «üblichen Spielen» und Auswendiglernen christlicher «Sprüchlein und Lieder» stünden im Zentrum, vermerkte die Schulleiterin in einem von den freisinnigen Schulbehörden eingeforderten Schulbericht, um dann emphatisch weiterzufahren, die Kinderschule könne nur gedeihen, «wenn die Vorschriften und Lehren des grössten und treusten aller Kinderfreunde zu allen Zeiten gewissenhaft befolgt und unentwegt eingehalten werden [...] und darum soll auch für diese Schule die Losung seyn und bleiben: – Lasset die Kindlein zu mir kommen und wehret ihnen nicht – denn ihrer ist das Himmelreich –».

Das ist das einzige persönlich verfasste Zeugnis, das wir von Margaretha Merian kennen. Indem sie sich in den Grundsätzen ihrer Kleinkinderschule ausdrücklich und «rückhaltlos» den Satzungen des Schweizerischen evangelisch-kirchlichen Vereins anschloss, der 1871 als Bollwerk gegen den in der Kirche sich Platz erstreitenden Freisinn wesentlich von Basler Kreisen gegründet worden war, bezog Margaretha Merian Stellung in einem innerkirchlichen Kultur- und Modernisierungskampf, der für das letzte Drittel des 19. Jahrhunderts charakteristisch war. Orthodox-protestantische und pietistische Richtungen vereinigten sich zu den «Positiven», welche die Entwicklung zu einem freieren Umgang mit der reformierten Glaubenslehre verurteilten und sich dem freisinnigen Zeitgeist entgegenstellten. Das ganze Wesen der reichen Patrizierin und frommen Wohltäterin bäumte sich gegen die Aufweichung der altprotestantischen Orthodoxie auf, die im Zuge des Bevölkerungswachstums der Stadt, ihrer Industrialisierung und der verfassungsmässigen Festschreibung liberaler Grundsätze wie der Glaubens- und Meinungsfreiheit in die Defensive geraten war. In ihrem letzten Testament von 1884 hatte Margaretha auch in ihren neuen Vergabungen eine deutliche Sprache gefunden: Sie unterstützte mit ihren grössten Spenden die Gründung der Freien evangelischen Schule, die sich gegen die konfessionell neutrale Staatsschule richtete, sowie den «positiven» Christlichen Verein am Nadelberg und die pietistisch bewegte Stadtmission.

Margaretha Merian – eine Exponentin des reformierten Basel? Nur bedingt. Sie war als Angehörige des alten Stadtbürgertums zwar überzeugte und selbstverständliche Anhängerin der Basler Staatskirche. Und sie setzte mit ihren Spenden und Aktivitäten als Witwe deutliche orthodox-reformierte Akzente – bis ins Stadtbild hinein. Aber ihr Einzelgängertum und das rätselhafte Verschwinden der ganzen privaten Hinterlassenschaft des Stifterpaars – selbst das Originaltestament war auf Jahrzehnte verloren –, bedeutet, dass praktisch jegliches schriftliche Zeugnis fehlt. Das unterscheidet eine Margaretha Merian – wie übrigens auch ihren Mann – markant von den bekenntnisfreudigen Vertretern des «frommen Basel».

Robert Labhardt ist Historiker.

 Robert Labhardt, Kapital und Moral. Christoph Merian – eine Biographie, Basel 2011.

Jacob Burckhardt (1818–1897)
Ein konservativer Erneuerer

Georg Kreis

War der Basler Historiker Jacob Burckhardt ein «Reformator» der Geschichtsschreibung? Jacob Burckhardt war vor allem ein derart grosser Historiker, dass er in den Himmel der Grosshistoriker angesiedelt wurde und dort bis heute diesen Platz behielt. Jacob Burckhardt kann man durchaus als Innovator und Inspirator bezeichnen. Dies ist umso bemerkenswerter, als er in gesellschafts-politischen Fragen ein stockkonservativer Mensch war.

Burckhardt erlebte bereits zu seinen Lebzeiten, vor allem mit seinen in mehreren Auflagen erschienenen Werken **Cicerone** und **Cultur der Renaissance**, grosse Anerkennung und entsprechenden Ruhm. Nach Burckhardts Tod folgte auf den zeitgenössischen Ruhm der stets grössere Kreise ziehende Nachruhm. Einzelne Werke schufen die Basis für die langlebige Berühmtheit ihres Autors, wie umgekehrt Berühmt- und Bekanntheit des Autors gewissen Werken einen Platz im kollektiven Gedächtnis sicherten und den Ruhm der Vaterstadt mehrten. Burckhardt wird, wie das bei solchen Bekanntheiten der Fall ist, allerdings mehr angerufen und zitiert als wirklich gelesen. Den ersten Platz nehmen die acht Jahre nach seinem Tod herausgekommenen und von seinem Neffen redigierten **Weltgeschichtlichen Betrachtungen** (1905) ein. Für das breite Publikum sind diese das wichtigstes Werk. Burck-hardt selbst hatte diese Betrachtungen als Vorlesung dreimal vorgetragen und ihnen den Titel **Über Studium der Geschichte** gegeben. In der Sekundärliteratur finden sich als beinahe feste Bestandteile des Narrativs Hinweise auf die Tatsache, dass Burck-hardt mit der schriftlichen Anweisung «Zum Verbrennen» diesen Text nach seinem Tod vernichtet haben wollte. Diese Anweisung bildet einen dramatischen Kontrast zur hohen Wertschätzung, den die **Betrachtungen** später erfahren haben.

Der 1818 als Sohn des Münsterpfarrers (Antistes) geborene Jacob Burckhardt war ganz Basler. In Basel erhielt er den grössten Teil seiner Ausbildung und hier verbrachte er beinahe sein ganzes Leben als akademischer Lehrer. Burckhardt hatte zahlreiche Rufe an andere Universitäten. In Berlin hätte er sogar Nachfolger des grossen Historikers Ranke werden können. Burckhardt war aber auch der Welt verbunden, er hatte als Student selbstverständlich

Auslandsemester absolviert, er unternahm zahlreiche Bildungsreisen, unterhielt ein grosses Korrespondentennetz, und erschloss sich den Reichtum der Welt über die Bücher.

Burckhardt war ein kritischer Zeitgenosse – trotz oder gerade wegen seiner hohen Aufmerksamkeit der Welt gegenüber. Die in der zweiten Hälfte des 19. Jahrhunderts mächtig voranschreitende Modernisierung der Gesellschaft, die Industrialisierung des Wirtschaftslebens, die ausgreifende Staatszuständigkeit und die Demokratisierung des politischen Systems lehnte er ab. Für Burckhardt war Fortschritt etwas, das eigentlich bloss Technik und Wissenschaft haben können – die menschliche Güte und Glück dagegen seien nicht steigerbare Grössen. Fortschritt umschrieb er ironisch als: «Ausbreitung der politischen Berechtigungen auf grössere Volksquoten, Milderung von Strafgesetzen, Verkehr im weitesten Sinn bis zum Welteisenbahn- und Welttelegraphennetz, grosse Verbreitung von mancherlei Wissen, Beweglichkeit aller Werte und Besitze und anderes.» Burckhardt beklagte, dass der Einzelne in wachsendem Mass dem Mehrheitsprinzip ausgesetzt sei. «Am Ende würde man am Gesamtwillen eines Bienenstocks oder Ameisenhaufens anlangen.» Nivellierung würde zu einer modernen Massenunkultur führen. «Sie opfern, wenn es sein muss, alle ihre speziellen Literaturen und Kulturen gegen ‹durchgehende Nachtzüge› auf.» Wichtig sei doch, dass Geist, Güte und Glück unter dem Ansturm des modernen Materialismus nicht dezimiert würden. Und noch wichtiger wäre, wenn Geist ein Gegengewicht zum Geld bilden könnte. Zum Geist gehöre auch die Religion, ohne sie als «überweltliches Wollen, das den ganzen Macht- und Geldtaumel aufwiegt», gehe es nicht. Einschränkungen des Geistes durch die Kirchen (explizit auch der reformierten) im Namen der Religion lehnte er entschieden ab: Der Mensch habe kein Recht über «die Meinungen von seinesgleichen».

Ohne daraus eine Regel zu machen, die konservatives Wesen sozusagen als Voraussetzung fürs Schaffen von Neuem erheben will, sei im Falle dieses grossen Geistes doch gesagt, dass von ihm in bemerkenswerter Weise Innovation ausging: Statt chronologische Beschreibung grosser Vorgänge war ihm die systematische Analyse der weltgeschichtlichen Kräfte wichtig. Dabei rettete er sich nicht in ein Glaubenssystem, ihm war nüchterne und kritische Betrachtung und Einordnung des historisch Wahrnehmbaren wichtig. Seine Weltgeschichte leitete er nicht aus einem Schöpfungsmythos ab und richtete er nicht auf eine Endzeitvorstellung aus. Für Burckhardt war klar: «Wir sind [...] nicht eingeweiht in die Zwecke der ewigen Weisheit und kennen sie nicht. Dieses kecke Antizipieren eines Weltenplanes führt zu Irrtümern, weil es von irrigen Prämissen ausgeht.» Sein Erkenntniswille galt den die Menschen bewegenden Kräften beziehungsweise den Wechselwirkungen der drei grossen Potenzen (Wirkungskräfte) Staat, Religion und Kultur. Das ist noch ein Jahrhundert später treffend so gewürdigt worden: «Burckhardt wählte diese mehrdimensionale Betrachtungsweise, um einen eindimensionalen Längsschnitt durch die Geschichte zu vermeiden.»

Unmittelbar nach dem Vorliegen der **Weltgeschichtlichen Betrachtungen** urteilte der hochangesehene Historiker Friedrich Meinecke, man spüre in Burckhardts Urteilen und Auffassungen «eine Frische und Ungebrochenheit, eine Freiheit von Schulmeinung und Konvention, eine Selbständigkeit gegenüber den grossen Zeitströmungen, wie wir sie seit Ranke bei keinem deutschen Historiker wieder erlebt haben». Viele Jahre später würdigte der Berliner Althistoriker Wilfried Nippel Burckhardts **Griechische Kulturgeschichte** als «Innovation ersten Ranges». Und der Basler Kunsthistoriker Andreas Beyer schätzte an Burckhardt, dass er die nationale Kunstgeschichte zur transnationalen «Culturgeschichte» erweitert und sich nicht auf auserlesene Meisterwerke beschränkt, sondern auch Zeugnisse berücksichtigt habe, die nach Burckhardts Worten zum bloss «minder Entwickelten» zu zählen waren. Burckhardt sei auch insofern modern gewesen, als er in seinen Vorlesungen das damals neue Medium der Fotografie eingesetzt habe. Modern war bereits das Reflektieren in der Kategorie der «Potenzen», modern war auch, dass die **Weltgeschichtlichen Betrachtungen** nicht Geschichte als solche schilderte, sondern bei der Hörerschaft (später bei der Leserschaft) vor allem die Grundfähigkeiten erzeugen wollte, die weitere Auseinandersetzung mit Geschichte selbständig zu betreiben – «dass sie aus eigener Kraft möchten die Früchte pflücken können».

Wie von keinem anderen Basler Historiker ist von Jacob Burckhardt, der im Alltag möglichst nicht auffallen wollte und auf eine nicht unstolze Art sehr bescheiden war, eine Breitenwirkung ausgegangen – bis in die USA und bis nach Japan. Er hat, mit anderen Worten, in hohem Mass zur Bekanntheit Basels in der Welt beigetragen. Vor allem von Nichtbaslern wird er als Lokalheiliger angesehen, dem man im Verlauf von Gastvorträgen mindestens in einem Passus kurz Reverenz erweisen muss.

Abschliessend noch ein paar Hinweise auf weltliche Würdigungen: In Basel wurde 1922 eine wenig ansehnliche Strasse nach dem grossen Historiker benannt; aber auch eine in der Nähe liegende Grossüberbauung, in der seit 2006 die Juristische und die Wirtschaftswissenschaftliche Fakultät untergebracht sind, erhielt dann den Namen des Historikers. Jacob-Burckhardt-Strassen gibt es auch in Konstanz und in Freiburg im Breisgau. Für beide Namensgebungen gibt es aufschlussreiche Erklärungen. Die entsprechende Strasse, die es auch in Zürich gibt, ist der Tatsache geschuldet, dass Burckhardt vorübergehend auch Professor für Geschichte an der Eidgenössischen Technischen Hochschule war. Verschiedene akademische Preise, z. B. des Kunsthistorischen Instituts in Florenz und der in Basel domizilierten Johann Wolfgang von Goethe-Stiftung, wurden nach Burckhardt benannt. Und Höhepunkt der Würdigung: Die 1995 lancierte achte Banknotenserie setzte Burckhardts Porträt auf eine der Noten. Offenbar musste es die teuerste, aber entsprechend wenig zirkulierende 1000-Franken-Note sein: Schicksal eines grossen Geistes.

Georg Kreis ist emeritierter Professor für Neuere Allgemeine Geschichte und Geschichte der Schweiz an der Universität Basel.

 Kurt Meyer, Jacob Burckhardt. Ein Porträt. Zürich 2008.
Georg Kreis, Jacob Burckhardt (1818–1897).
In: Heinz Durchardt u. a. (Hg.), Europa-Historiker.
Ein biographisches Handbuch, Bd. 2. Göttingen
2006. S. 101–120.

Franz Overbeck (1837–1905)
Ein reformatorischer Geist?

Niklaus Peter

Gehört der Name Franz Overbecks, des Basler (Anti-)Theologen und Nietzsche-Freundes, in ein Buch, das vom Geist der Reformation handelt und diesen auch feiern will? Die einen werden sagen: Gewiss, denn er hat die protestantische Theologie durch seine historischen Forschungen und durch seine unbequemen Fragen entscheidend mitgeprägt. Er selbst kam aus dem Zentrum der deutschen wissenschaftlichen Theologie (der Schule F. C. Baurs), er hat den Kirchenhistoriker Adolf Harnack beeinflusst, unbeschadet späterer Konflikte – und vor allem: sein posthumes Buch **Christentum und Kultur** hat dem grossen Schweizer Theologen Karl Barth entscheidende Impulse gegeben für die Neubearbeitung seines Römerbrief-Kommentars von 1921, welcher die Theologie des 20. Jahrhunderts grundlegend verändert hat.

Aber es wird auch Stimmen geben, die sagen: Overbeck gehört gewiss nicht in ein solches Buch, denn er hat sich von der Theologie losgesagt. Nie habe er am Leben der Basler Kirche teilgenommen, er sei einfach ein Skeptiker gewesen. Beide Stimmen haben ihr Recht, und so stellt sich die Frage: Was für eine Gestalt war dieser Kirchenhistoriker und Theologiekritiker, wie steht es um seinen Bezug zur Reformation?

Im Kern reformatorisch ist sicher Overbecks unbedingte Redlichkeit, sein Wille, durch den Rückgang zu den Quellen der Bibel und Kirchengeschichte und also durch historische Forschung das Urchristentum von Übermalungen und ideologischen Umformungen zu befreien. Seine **Streit- und Friedensschrift** von 1873 beginnt mit dem Satz: «In Tagen, wie den unseren, in welchen laut an aller Ohren der Ruf schallt, nicht alles sei christlich, was sich noch so nenne», müsse auch die Theologie sich diese Frage, «so gellend sie ihr klingen mag», gefallen lassen. Overbeck fragt also nach der religiösen Substanz der Theologie. Genau das besagt der Titel dieser faszinierenden Schrift **Über die Christlichkeit unserer heutigen Theologie**, und er wird diese selbstgestellte Frage nach der «Christlichkeit» seiner Zunft negativ beantworten – ein echter Affront für viele Theologen: Die zeitgenössische Theologie sei nicht die Vertreterin, sondern eigentlich die Verräterin des ursprünglichen Christentums. Denn das Urchristentum sei als eine eschatologische Bewegung entstanden, die das Ende der damaligen Kultur und Welt erwartet habe. Wissenschaftliche Theologie hingegen versuche, zwischen Glauben und Wissen, zwischen Religion und Kultur zu vermitteln. Gerade damit aber zerstöre sie den ernsten und kritischen Kern der Religion: Die Theologie sei stets «modern» gewesen, so fasst Overbeck selbst seine keineswegs harmlose These zusammen, «und eben darum auch stets die natürliche Verräterin des Christentums».

Diese Problemwahrnehmung aber, so muss man sagen, ist jenen kritischen Diagnosen Martin Luthers und Huldrych Zwinglis verwandt. Auch sie gingen zurück auf die biblischen Texte und fragten nach der Christlichkeit der zeitgenössischen scholastischen Theologie, und sie fragten darüberhinaus nach der Christlichkeit der kirchlichen Praxis, nämlich des päpstlichen Ablasses, der mit ihm verbundenen unguten Vermischung von Religion, Finanzen und Macht.

Overbeck selbst verstand sich nicht als Kirchenreformer – aber seine Fragen hatten den Härtegrad, die Leidenschaft und aufdeckende Ehrlichkeit jener Fragen, die zuvor bei Luther und Zwingli zur Reformation geführt hatten. Die kritischen Fragen Overbecks an die Adresse der liberalen und konservativen Theologen seiner Zeit – an Ritschl, Harnack und Troeltsch – konzentrierten sich auf genau jene schon 1873 in der **Christlichkeit** genannten Punkte: Eine Theologie, deren Massstab die erfolgreiche Selbstdurchsetzung des Christentums in der Welt ist, verrate den weltkritischen, asketischen Kern dieses Glaubens. Sie führe die zerstörerische Anpassung des Christentums an die Welt weiter, die seit der konstantinischen Wende zum Charakteristikum der Grosskirchen gehöre. Overbecks Sympathie galt den machtkritischen, monastischen und häretischen Bewegungen, dem Mönchtum, den Franziskanern, dem Pietismus. Er war ein scharfer Beobachter und Kommentator der vielfältigen Verbindung von Religion und Macht, die sich nach dem Scheitern des deutschen Liberalismus 1848 in der erneuten Verbindung von Thron und Altar zeigte. So reagierte er mit grosser Schärfe auf die Versuche von Theologen, den christlichen Glauben des Machtpolitikers Bismarck für ihre apologetischen Zwecke auszubeuten. Dessen Nähe zu einer christlichen Sekte ignorierten sie, stilisierten ihn aber, ungeachtet seiner gewaltbereiten «Realpolitik», zum Musterchristen. Overbeck notierte sich voller Empörung Sätze eines K. Müller in der liberalprotestantischen Zeitschrift **Die Christliche Welt**: «Bismarck! Wir wissen, was ihm das Christentum gewesen ist», und kommentierte sie auf seine trockene, scharfe Weise folgendermassen: «Für Bismarck ist das Christenthum, was dem englischen Boxer der Alkohol, mit dem er für seine Kraftleistungen seine Glieder einreibt. Der verwendete Fusel braucht nicht der feinste zu sein, wenn er nur dient, in Bismarck's Fall hat seine untergeordnete Qualität sogar den unschätzbaren Vorzug, dass er als Staatsmann je nach Bedürfnis um so bequemer davon ganz absehen kann.»

Overbecks Wirkungsgeschichte erfolgte auf labyrintischen Wegen, wie oben schon angedeutet: Als er nach seiner Emeritierung sah, dass er nicht mehr die Kraft hatte, eine zweite Schrift gegen die liberale Theologie zu schreiben, übergab er seinen wissenschaftlichen Zettelkasten mit all seinen Notizen an Bernoulli. Dieser begann mit Vorarbeiten für ein eigenes Buch, skizzierte einen Aufriss, entschied sich dann aber, doch ein Buch unter dem Namen Overbecks herauszubringen. Er stellte Zitate aus diesen verstreuten Zetteln zusammen und füllte so Overbecks Sätze und Teilsätze in seinen Aufriss ein. Grosszügig, mit Schere und Klebstoff bewaffnet, schnitt und klebte er alles zu einem Buch zusammen, welches schliesslich unter Overbecks Namen und unter dem Titel **Christentum und Kultur** im Jahr 1919 erschien. Sogleich fand es grosse Beachtung. Karl Barth schrieb eine hinreissende Rezension, die Overbeck zum Taufpaten der eigenen Theologie machte, eine Deutung, so muss man vermutlich sagen, der Overbeck selber nicht zugestimmt hätte. Sie ist dennoch viel näher am kritischen Glutkern Overbeck'schen Denkens als all jene kritischen Besprechungen von Basler Professoren, die Overbeck als gescheiterten, negativen Geist und als psychologisches Problem meinten abtun zu können.

Und nun denken Sie, verehrte Leserin, verehrter Leser, vermutlich: Aber über Overbecks Leben haben wir ja noch gar nichts erfahren! Da müssen Sie einfach Walter Niggs schönes Buch über Overbeck lesen (neu aufgelegt Römerhof Verlag 2009), oder Sie begnügen sich mit der folgenden, ultrakurzen biografischen

Skizze: Overbeck wurde am 16. November 1837 in St. Petersburg geboren als Sohn von deutsch-französischen Eltern. Er studierte von 1856 bis 1860 Theologie in Leipzig und Göttingen, habilitierte sich 1864 in Jena, wurde 1870 auf einen Lehrstuhl für Neues Testament und Kirchengeschichte berufen, den er bis zu seiner Emeritierung 1897 innehatte. In Basel lernte Overbeck den jungen Friedrich Nietzsche kennen, wurde einer seiner treuesten Freunde und blieb ihm, über dessen Tod hinaus, treu, indem er sich um den Nachlass des Philosophen kümmerte. Seine Theologie- und Christentumskritik verschärfte er nach den schwachen Echos auf seine oben genannte Schrift **Über die Christlichkeit unserer heutigen Theologie**. Overbeck schrieb nun, zurückgezogen als Gelehrter, grundlegende Arbeiten zur Geschichte der christlichen «Urliteratur» (**Anfänge der patristischen Litteratur**) und zum Prozess der Kanonisierung (**Zur Geschichte des Kanons**). Seine posthume Wirkung setzte mit der genannten Edition **Christentum und Kultur** (1919) ein, sie führte schliesslich zur kritischen Edition seiner Werke, die 1994 unter Beteiligung des Schreibenden begonnen wurde und seit 2010 abgeschlossen ist.

Interessanter aber als solche akademischen Details ist gewiss der tatsächlich reformatorisch zu nennende Impetus der Fragen Overbecks nach dem Kern des Christentums. Denn dieses echte Christentum verteidigte er in seiner **Christlichkeit** von 1873 gegen die modern-religiösen und antichristlichen Schriften eines Strauss, Lagarde und später auch gegen Richard Wagners christlichen Antisemitismus.

Während David Friedrich Strauss die Zeit gekommen sah, mit dem Christentum zu brechen, und deshalb seinen modernen **Neuen Glauben** (1872) verkündete, so verglich Overbeck das, was er die «Lebensbetrachtung» des Christentums nannte mit der «Denkreligion» von Strauss. Bei diesem Vergleich kommt Overbeck zum Schluss, dass man mit «gutem Mute und Gewissen» die Gedanken von Strauss zurückweisen dürfe, denn sein Glaube versetze uns «ungefähr auf den Standpunkt des Spiessbürgers der römischen Kaiserzeit, der am Mysterium des Staatsoberhaupts seine Religion hat, den im ruhigen Genuss seiner Güter gegen äussere Feinde das Heer, gegen innere die Strenge des Gesetzes schützt, der in der

Beschäftigung mit einer toten Kunst sich die düsteren Stunden vertreibt, welche die Staatsordnung von ihm abzuhalten nicht im Stande ist». Mit einer solchen Kultur sei «das Christentum schon einmal fertig geworden». Sätze, die man bei den Reformationsjubiläen nicht vergessen sollte, wenn man sich selbst und seine eigene Christlichkeit feiert und vielleicht nicht wahrnimmt, dass unser Christentum leider viele «Familienähnlichkeiten» mit jener Religion spätrömischer Spiessbürger aufweist ...

Niklaus Peter ist Pfarrer am Fraumünster in Zürich und Mitherausgeber des Overbeck-Gesamtwerkes im Metzler Verlag Stuttgart.

 Walter Nigg, Franz Overbeck. Versuch einer Würdigung. München 1931, Reedition mit einem Nachwort von Niklaus Peter, Zürich 2009.

Friedrich Nietzsche (1844–1900)
Wie Christentumskritik
zum theologischen Impuls wird

Georg Pfleiderer

Dass der philosophische Revolutionär Friedrich Nietzsche in einer Sammlung von bedeutenden Figuren des «reformierten Basels» etwas zu suchen haben könnte, wäre ihm selbst vermutlich am wenigsten eingefallen. Der Stadt Basel allerdings, ihrer Bürgerschaft, deren liberalem, grosszügigem Geist und zumal der Universität, hat er sich jedoch zeit seines bewussten Lebens und bis an dessen Grenze hin dankbar verpflichtet gewusst. Im berüchtigten **Wahnsinnsbrief** vom 6. Januar 1889 an den von ihm verehrten Jakob Burckhardt findet sich die berühmte Sentenz «... zuletzt wäre ich viel lieber Basler Professor als Gott; aber ich habe es nicht gewagt, meinen Privat-Egoismus so weit zu treiben, um seinetwegen die Schaffung der Welt zu unterlassen». An der Grenze zur Umnachtung nimmt Nietzsches revolutionäres Selbstgefühl paranoide Züge an. Auch in dieser Situation kam ihm «Basel» noch einmal zu Hilfe: in Gestalt seines Freundes, des christentumskritischen Theologen Franz Overbeck, der ihn in die neu gegründete Nervenheilanstalt «Friedmatt» einlieferte, – den Vorläufer der heutigen Universitären Psychiatrischen Kliniken.

Ohne Basel wäre Nietzsche kaum zu dem philosophischen und kulturgeschichtlichen Weltereignis geworden, das sich mit seinem Namen wirkungsgeschichtlich verbindet. Die finanziell klamme Universität konnte sich teure, arrivierte Professoren nicht leisten und setzte darum auf unkonventionelle, junge Geister, gerne aus dem Ausland. Selbst unter diesen Vorzeichen war die im Jahr 1869 erfolgte Berufung des 24-jährigen Bonner Studenten Friedrich Nietzsche aus Naumburg/Saale, der zu diesem Zeitpunkt ausser einigen klugen Aufsätzen publizistisch nichts – weder Promotion noch Habilitation – vorzuweisen hatte, nur auf Empfehlung seines Mentors auf einen Lehrstuhl für griechische Sprache und Literatur ein ungewöhnlicher Vorgang. Nietzsche hat die ihm gebotene Chance begeistert ergriffen, hat sofort «gezügelt» und fand in der weltoffenen Bürgerstadt rasch Freunde und Gönner. Zu den Kuriosa gehört, dass Nietzsche der Universität zuliebe (ohne dass dies von irgendjemand verlangt worden wäre) sogar auf seine preussische Staatsbürgerschaft verzichtete. In seinen zehn Basler Jahren wohnte der rastlose Geist in fünf verschiedenen Wohnungen, alle unmittelbar ausserhalb der damals frisch niedergerissenen Stadtmauern ums Spalentor bzw. im Gellert gelegen, am längsten im Haus am Schützengraben 45 (heute 47) in der sog. «Baumannshöhle», wo auch der erwähnte Theologieprofessor Overbeck mit seiner Frau logierte. Basel bot Nietzsche ausser einer sicheren «Mensa», positiver Aufnahme durch die bildungsbürgerliche Gesellschaft und wichtigen Gelehrtenfreundschaften nicht zuletzt den Vorteil räumlicher Nähe zu dem von ihm damals hoch verehrten Komponisten Richard Wagner und dessen Gefährtin Cosima von Bülow, die in Tribschen bei Luzern residierten, wo Nietzsche fast jedes Wochenende hinpilgerte.

In Basel entstanden Nietzsches erste wichtige Schriften, insbesondere die 1871 veröffentlichte **Geburt der Tragödie aus dem Geiste der Musik**; in der Aula des Museums an der Augustinergasse hielt er populärwissenschaftliche Vorträge. Dennoch hielt sich sein beruflicher Erfolg in engen Grenzen. Die positivste Resonanz erfuhr noch sein Unterricht als Lehrer am «Paedagogicum» am Münsterplatz. In der Forschung rief der unkonventionelle Stil, den er in seiner programmatischen Erstlingsschrift an den Tag gelegt hatte, alsbald die ätzende Kritik eines jungen philologischen Insiders, Ulrich von Wilamowitz-Moellendorff, auf den Plan, die sich für Nietzsches Ansehen in der philologischen Zunft – und seinen akademischen Lehrerfolg in Basel – desaströs auswirkte. Die Basler Kollegen, Bürger und Behörden liessen sich davon jedoch nicht beirren. Sie hielten zu ihrem «enfant terrible» und erfreuten sich eher an dessen in den nun fast Jahr für Jahr folgenden vier «Unzeitgemässen Betrachtungen» zunehmend schärfer werdenden Schüssen ins Kontor preussischer Mainstream-Gelehrsamkeit. Bereits Mitte der 1870er Jahre wurde es jedoch um Nietzsches Gesundheitszustand immer schlechter bestellt, rasende Migräneanfälle und chronische Magenschmerzen zwangen ihn dazu, seine Lehre immer wieder und für zunehmend längere Zeiten zu unterbrechen, – auch um dem ihm nunmehr ungünstig erscheinenden Basler Klima zu entfliehen – ein Motiv, das sich zwischenzeitlich zu einer regelrechten «Basileophobie» steigerte. In dieser Umbruchzeit gelang ihm jedoch das erste Werk als (vom Einfluss anderer, insbesondere Wagners emanzipierter) «freier Philosoph», die aphoristische Schrift **Menschliches, Allzu-**

menschliches (1876). Nachdem er 1878 schon den Unterricht am «Paedagogicum» nicht mehr leisten konnte, musste er ein Jahr später um eine definitive Frühpensionierung nachsuchen. Die ihm vom Kanton aufgrund der finanziellen Ressourcen der «Freiwilligen Akademischen Gesellschaft» gewährte kleine Pension auf Lebenszeit bildete die finanzielle Grundlage für die nun innerhalb weniger Jahre in Italien und im Engadin entstehenden Hauptschriften wie den **Zarathustra**, die **Morgenröte**, **Jenseits von Gut und Böse**, **Zur Genealogie der Moral**, **Der Antichrist** oder den berühmten von Nietzsches Schwester aus Nachlassschriften kompilierten **Willen zur Macht**. Seinen auf diesen Schriften beruhenden, in den 1890er Jahren zaghaft beginnenden, nach der Jahrhundertwende lawinenartig anschwellenden und sich ausbreitenden Weltruhm hat Nietzsche selbst nicht mehr bewusst erlebt.

Nietzsches Verhältnis zum Christentum und insbesondere zum Protestantismus spannungsvoll zu nennen, wäre bekanntlich untertrieben. Aus dem nach dem frühen Tod des Vaters, der ein lutherischer Pfarrer gewesen war, mit pietistisch geprägter Mutter (ebenfalls einer Pfarrertochter), Schwester und Tante aufgewachsenen Jüngling, der anfangs auch ein bisschen Theologie studiert hatte, wurde schon während des Studiums und dann in Basel der begeisterte Schopenhauerleser, Wagnerverehrer und Overbeckfreund. Als solcher suchte er die christliche Schuld- und Erlösungsreligion durch den entschlossenen Rückgriff auf eine an der griechischen Antike abgelesene oder in sie zurückprojizierte ästhetische Intellektuellenreligion zu überwinden. In dieser sollte die lustvoll-triebhafte «dionysische» Seite des Lebens mit ihrer intellektuell-geistigen «appollinischen» versöhnt werden. Mit der Figur des lachenden, den Tod Gottes lehrenden, tanzenden, die überkommenen moralischen Werte radikal umwertenden **Zarathustra** hat Nietzsche sodann eine veritable Gegen- und Überbietungsfigur zu dem von ihm durchaus geschätzten, aber auch bedauerten Mitleidshelden Jesus von Nazareth entworfen. In der gleichnamigen Schrift wird das neue Evangelium einer Religion der Diesseitigkeit, der Bejahung des Lebens und des ganz dem Willen zur Macht huldigenden «Übermenschen» verkündigt, durch deren ästhetisch-genussvolle Lektüre sich gleichsam von selbst und ohne weiteres Zutun ihres philosophischen Autors und Gründers eine neue Jüngergemeinde aufbauen sollte. Insbesondere in den Jahren nach Nietzsches Tod und vor dem Beginn des Ersten Weltkriegs ist es ja auch durchaus vielerorts zu solchen Bildungen nietzscheanischer Neureligion gekommen. Kritisches Ferment dieser atheistischen Diesseitsreligion des tanzenden Willens zur Macht ist der sie konstitutiv begleitende aufklärerische Kampf des «Anti-Christen» gegen die beharrliche Seelenverätzungskraft des insbesondere protestantischen Christentums, das die Menschen in eine Gewissensmoral des Ressentiments und der niederdrückenden Schuldgefühle verstricke, aus der Erlösung nur dem winke, der bereit sei, sich unter die fremde Autorität Gottes zu beugen und eine Lebensform des Mitleids und der Nächstenliebe zu praktizieren, die bei den Christen – anders als bei ihrem Begründer Jesus – nur eine raffiniert verdeckte Form des sublimierten Egoismus und des Ressentiments sein könnte.

Nein, insbesondere mit Blick auf seine Christentumskritik lässt sich dieser charismatische Lehrer einer neuen a- und posttheistischen Diesseitsreligion menschlicher Selbstüberhöhung gewiss nicht als ein in irgendeinem Sinne orthodoxes Glied des Christentums, des Protestantismus zumal oder gar konkret des «reformierten Basel» bezeichnen. Für den von ihm anfangs noch bewunderten Luther, aber auch für Calvin hatte er je länger je mehr nur noch beissende Kritik übrig.

Und doch ist der Gang der protestantischen Theologie im 20. Jahrhunderts, für dessen Richtung und Takt bekanntlich gerade der Basler Theologe Karl Barth grosse Verantwortung trägt, ohne den zumindest indirekten, aber wesentlichen Einfluss Friedrich Nietzsches nicht zu denken. Nietzsche hat der die Theologie nach dem Weltkrieg in neue Bahnen lenkenden Barth-Generation (1880er/1890er: Tillich, Bultmann, Gogarten, Hirsch, Elert; 1900/1910er: Bonhoeffer, Gollwitzer, Thielicke, 1920/1930er: Pannenberg, Moltmann, Sölle, Jüngel) entscheidende Aspekte ihres neuen fundamentaltheologischen Problembewusstseins eingestiftet: Relativ unproblematische Anknüpfungen an die Kardinalbegriffe neuzeitlicher Metaphysik, Vernunft und Sittlichkeit, wie bei den Ritschlianern waren nun nicht mehr möglich. Die Metapher vom «Tod Gottes» steht für eine fundamentale Unselbstverständlichkeit Gottes und der Religion in der Moderne, die den Gedanken einer nicht minder fundamentalen Unselbstverständlichkeit von Gottes aktualer Selbstpräsentation (Selbstoffenbarung!) zu denken erforderlich macht. Damit hängt die bei Barth, aber insbesondere auch von Dietrich Bonhoeffer aufgenommene Einsicht zusammen, dass Schuldgefühl und schlechtes Gewissen als theoretischer wie praktischer Anknüpfungspunkt für Theologie und Christentum ausgedient haben und christliche Ethik eine Ethik individueller situationsbezogener Freiheit sein müsse.

Darüber hinaus wies Nietzsche der Theologie dieser reflexiven Moderne den Weg zu einem neuen Durchdenken von Diesseitigkeit und «Leiblichkeit» als dem «Ende der Werke» bzw. «Wege Gottes» (Fr. Oetinger/K. Barth, Römerbrief I). So hat die philosophische Revolution, die sich mit dem Namen Nietzsches verbindet, nicht zum Ende der Theologie, sondern vielmehr zu neuen Anfängen, zu neuen Schritten auf dem reformatorischen Weg der «ecclesia semper reformanda» geführt und Basel mit seinem liberalen, reformierten Geist war daran – hominum confusione Dei providentia – nicht wenig beteiligt.

Georg Pfleiderer ist Professor für Systematische Theologie / Ethik an der Universität Basel.

 Andrea Bollinger, Franziska Trenkle, Nietzsche in Basel, Basel 2000.
Martin Pernet, Nietzsche und das «Fromme Basel», Basel 2014.

Leonhard Ragaz (1868–1945)
Das Basler Allerlei

Peter Schmid

Leonhard Ragaz wurde am 28. Juli 1868 in Tamins, Graubünden, geboren. Nach dem Theologiestudium in Basel, Jena und Berlin war er Pfarrer in Flerden am Heinzenberg (1890–1893), in Chur (1893–1902) und am Münster in Basel (1902–1908). Ab 1908 war er Ordinarius für Systematische und Praktische Theologie an der Universität Zürich. 1921 trat er freiwillig von der Professur zurück. Bis zu seinem Tode wirkte er, ausgehend von seinem Haus in Aussersihl, für die religiöse und politische Arbeiterbildung als freier Schriftsteller und als Wortführer der Religiös-sozialen Bewegung, deren Organ das Heft **Neue Wege** war. Er war verheiratet mit Clara Ragaz-Nadig und Vater des Sohnes Jakob und der Tochter Christine. Leonhard Ragaz starb am 6. Dezember 1945.

Zentraler Kern des Glaubens von Leonhard Ragaz war die Hoffnung auf das Werden und Durchbrechen des Reichs Gottes in diese Welt. Das Vordringen zum Mittelpunkt seines Glaubens führte ihn über einen langen Weg. Ganz und gar in der Tradition der liberalen Theologie ausgebildet, reiften die Früchte seines theologischen Denkens erst allmählich. Entscheidende Erkenntnisse brachen bei Ragaz während seiner Basler Zeit durch, wobei der Ort an und für sich keine entscheidende Rolle spielte. Das «grosse Lebensereignis» wie Ragaz seinen Erkenntnisschub nannte, wäre auch an einem anderen Wirkungsort möglich gewesen.

Ende des 19. und Anfang des 20. Jahrhunderts brach in Europa die Arbeiterschaft auf, um für mehr Gerechtigkeit zu kämpfen. Die langen Arbeitstage, die knappen Löhne, die prekären Wohn- und Hygieneverhältnisse, die mangelnde soziale Sicherheit waren Ausgangspunkte für den Kampf. Während dieser Zeit nahm Ragaz die Arbeiterbewegung als im wahrsten Sinne des Wortes «notwendige» Reformkraft wahr. Er deutete den Aufbruch der Unterprivilegierten als Kampf für die «Menschwerdung des Menschen» und deshalb als einen hoffnungsvollen Schritt hin zum Reich Gottes. Ragaz ging allerdings nie so weit wie Hermann Kutter, der kühn den Kampf der organisierten Arbeiterschaft für mehr Gerechtigkeit mit dem Durchbruch des Reichs Gottes gleichsetzte.

In seiner eigenhändig verfassten, aber erst nach seinem Tode erschienenen Lebensbeschreibung **Mein Weg** schildert Ragaz seine Basler Zeiten. Am Anfang und am Schluss seiner Ausbildungszeit studierte er in Basel. Aus seiner ersten Zeit nennt Ragaz kaum Erinnerungen. Im Rückblick sah er sich selbst als zu jung und zu unerfahren, als mit dem universitären Lehrbetrieb zu wenig vertraut. Ausschliesslich der kraftvolle Prediger am Münster, Zwingli Wirth ist ihm gegenwärtig geblieben. Jahre später wird er sein Nachfolger werden. Aus seiner zweiten Studienzeit in Basel erwähnt er Begegnungen mit Franz Overbeck und Jacob Burckhardt. Bei der Studentenverbindung «Zofingia» fand er willkommene Aufnahme. Ganz wohl fühlte er sich dennoch nicht, denn verbale Schlagfertigkeit und «die Gabe des Witzes» waren ihm nicht geschenkt. Seine abstinente Lebensweise stand zudem im Widerspruch zu gewissen studentischen Sitten.

In einem mit «Basler Allerlei» überschriebenen Kapitel skizziert Ragaz einige Erlebnisse in Basel. Er trat 1902 die zweite Pfarrstelle am Basler Münster an. Seine amtliche Stellung war die eines «Obersthelfers», der auf die des «Antistes», des obersten Geistlichen der Basler Kirche folgte. Die beiden Titel gab es eigentlich bereits nicht mehr. Eine Folge der früheren Ordnung war, dass Ragaz innerhalb der Stadt keinen fest zugeteilten Seelsorgebezirk hatte. Der Ruf nach Basel erfolgte durch die liberalen Reformkräfte. Allerdings hatten diese Kreise später keine wirkliche Freude an Ragaz, seine wachsende Hinwendung zu einem in dieser Welt wirkungsmächtigen Reich Gottes fand bei den «Positiven» weit mehr Anerkennung. Während seiner ganzen Zeit in Basel kämpfte Ragaz gegen das kirchliche Parteienwesen. Ursprünglich dachte er, in Basel ausreichend Ruhe und Musse für das Verfassen einer Habilitationsschrift zu finden. Daraus wurde nichts, nicht nur, weil sich die erhoffte Ruhe nicht einfand, sondern auch, weil Ragaz während der Basler Jahre zu den Grundpfeilern seines späteren theologischen Denkens und Schreibens fand. Dieses innere Ringen erforderte viel Zeit und Kraft.

Im Pfarrhaus an der Augustinergasse fühlte er sich wohl. Die geräumige Studierstube mit dem Blick auf den Rhein und dem angrenzenden Unterrichtszimmer gefielen ihm, ebenso der Zugang zu einer Veranda, die oft Ort gelebter Gastfreundschaft war. Die Veranda spielte eine bedeutende Rolle für das Familienleben.

Wenig angetan war der zurückhaltende Ragaz von der Basler Fasnacht. Zu seinem Elend wurde er gar noch zu einem «Gegenstand der Verspottung» (sic!), weil er im Zusammenhang mit einem eifrigen Auftritt in der Abstinenzbewegung zum Sujet der Fasnacht wurde. Mehr Heimatgefühl entwickelte Ragaz bei einer anderen Erfahrung: «Im übrigen enthüllte Basel nach und nach auch seine nicht kleinen Vorzüge. Man muss in Basel sozusagen eine Quarantäne durchmachen, muss einen Stachelwald von Unfreundlichkeit, abweisendem Hochmut, ängstlichem oder überheblichem Misstrauen durchmachen. Der ‹Spion› über den Haustüren, das heisst ein ovaler Spiegel, der das Bild des vor der Türe stehenden weitergibt, muss zuerst ansagen, wer unten stehe, bevor man die Türe öffnet, und ist für die Basler Art charakteristisch. Aber wenn die Quarantäne vorüber und der Stachelwald durchbrochen ist, dann ist man in Basel auch daheim.»

In Zürich machte er die umgekehrte Erfahrung: «Man wird mit offenen Armen aufgenommen. Aber man ist schliesslich doch nicht daheim – man ist nicht in einer Familie, sondern in einem Hotel.»

Anhand von zwei wichtigen Predigten aus seiner Zeit in Basel soll nachgezeichnet werden, was Leonhard Ragaz der hörenden Gemeinde weitergeben wollte. Es sind dies die sogenannte «Maurerstreikpredigt» und die Abschiedspredigt vor dem Aufbruch nach Zürich.

Am 5. April 1903 traten die Maurer und Bauhandlanger in ganz Basel in den Streik. Im Arbeitskampf verlangten die Gewerkschaften von den Baumeistern – allerdings vergeblich – die Herabsetzung der täglichen Arbeitszeit von zehn auf neuneinhalb Stunden und einen Mindeststundenlohn von sechsundfünfzig Rappen für Maurer und vierzig Rappen für Handlanger. Die von der Regierung veranlassten Einigungsverhandlungen scheiterten am Widerstand der Baumeister. Nur knapp konnte ein bewaffneter Konflikt durch ein Aufgebot von Standestruppen verhindert werden.

Ausgehend vom doppelten Liebesgebot in Matthäus 22, 34–40 («Du sollst den Herrn, deinen Gott, lieben mit deinem ganzen Herzen und mit deiner ganzen Seele und mit deinem ganzen Verstand [...] Du sollst deinen Nächsten lieben wie dich selbst») nahm Ragaz in seiner Predigt Partei für die Streikenden. Die soziale Bewegung gehöre zur wichtigsten Sache der Gegenwart. Sie sei keine Modeerscheinung, sondern eine Umwälzung vergleichbar mit der Reformation.

Der Christ habe sich immer auf die Seite der Schwachen zu stellen. Dies ergebe sich aus den Reden und Gleichnissen von Jesus aus Nazareth. Ragaz meint ausdrücklich nicht, dass ein Christ Sozialdemokrat sein müsse. Er möchte das Christentum nicht in einer politischen Partei aufgehen sehen. Er tritt jedoch dafür ein, dass ein Christ Sozialist sein soll, «in dem weitesten und tiefsten Sinne.» Der sozialen Bewegung gehe es nicht ausschliesslich um den Anspruch auf materielle Güter. Hinter den verschiedenen Forderungen sieht Ragaz den Drang nach mehr Freiheit, mehr Seele, mehr Persönlichkeit. Es geht um die «Menschwerdung des Menschen». Ausdrücklich nimmt Ragaz Bezug auf die Frauenbewegung. Ragaz geht es nicht um Almosen, sondern um Gerechtigkeit. Menschenverachtende Zustände sollen nicht nur gemildert, sondern überwunden werden.

Schliesslich behandelt Ragaz auch die Frage, ob ein Zusammengehen mit Menschen, «die Gott leugnen», also mit den atheistischen Kräften der Arbeiterbewegung für die christlichen Kirchen überhaupt vorstellbar ist. Ragaz gibt zu bedenken, dass die Gottlosigkeit der Arbeiterschaft teilweise ihren Grund in «ungeheuren Fehlern» des offiziellen Christentums habe. Er weist darauf hin, dass jede neue geschichtliche Bewegung «unermesslich viel Schlamm und Unrat mit sich bringt» und nennt als Beispiel die Reformation.

Die Abschiedspredigt am Basler Münster stand unter der Bitte «Dein Reich komme!». Ragaz beschrieb die erste Periode seines Lebens als «Kampf um Gott». Als er sich später von der Wirklichkeit Gottes ergriffen fühlte, wurde es ihm zum wichtigen Anliegen, Gott auch in der Wirklichkeit seiner Zeit zu sehen. «So schauten wir denn in diese Welt hinein, darin Gottes Leben, Gottes Reich zu finden.» Gott ist für Ragaz in erster Linie der kommende Gott. Der Schöpfungsplan Gottes ist noch nicht verwirklicht, es ist noch etwas am Werden. «Gottes Schöpfung ist noch gar nicht vollendet, sein letztes Wort noch lange nicht gesprochen. Was wir jetzt sehen, ist ein Entwurf, ein Anfang, vor uns liegt die Entfaltung, die Vollendung.»

Ragaz beschreibt in seiner Predigt drei Irrwege: Erstens – Gott war uns zu viel Theorie und diese Theorie ging nie ganz auf. Zweitens – Gott war ein zu sehr vergangener Gott, der Gott Moses, der Propheten und der Gott Jesu. Dadurch wurde – nicht ganz zu Ende gedacht – dem Offenbarungswerk Gottes ein Ende gesetzt. Daraus ergibt sich – drittens – eine völlige Ratlosigkeit gegenüber dem Übel in der Welt. Deshalb meint Ragaz: «Gott ist vor uns. Wir haben einen Gott, der nicht System, eine Theorie, eine vergangene Geschichte ist, sondern einen Gott, der beständig schafft, einen Gott der Gegenwart, der Zukunft, der auch uns Zukunft und Hoffnung gibt.»

Was sagte Ragaz über den Tag hinaus, gültig bis in unsere Zeit? Da ist gewiss sein äusserst konsequent gewählter Lebensweg, der keinerlei «billige Gnade» kannte. Seine radikale Rückbesinnung auf den «lebendigen Gott» ist nichts weniger als eine wirkliche «Reformation».

Peter Schmid ist Altregierungsrat und Vizepräsident
des Rates des Schweizerischen Evangelischen
Kirchenbundes.

 Leonhard Ragaz, Eingriffe ins Zeitgeschehen: Reich Gottes und Politik, Ruedi Brassel und Willy Spieler (Hg.), Luzern 1995.

Karl Barth (1886–1968)
Die besondere Luft von Basel

Peter Zocher

Karl Barth, der wohl wirkmächtigste reformierte Theologe des 20. Jahrhunderts, wurde am 10. Mai 1886 in Basel im Haus Grellingerstrasse 42 als erster Sohn des Ehepaars Johann Friedrich (Fritz) Barth (1856–1912) und Anna Katharina, geb. Sartorius (1863–1938), geboren. Kurz vor Karl Barths Geburt war sein Vater, ebenfalls Theologe und von 1879 bis 1886 Pfarrer im aargauischen Reitnau, als Dozent für Kirchengeschichte, Neues Testament und Sprachen an die 1876 gegründete, bibeltreu-konservativ ausgerichtete Evangelische Predigerschule in Basel (St. Alban-Vorstadt 30) berufen worden. Obwohl die Eltern im Mai 1886 gerade erst einen Monat wieder in Basel lebten, war die Familie fest im reformierten Basel verwurzelt. Beide Elternteile waren hier geboren und beider Väter waren Pfarrer in Basel gewesen: Franz Albert Barth (1816–1879) an der Theodorskirche, Karl Sartorius (1824–1893) an der Elisabethenkirche.

Die nun kleine Familie zog nach kurzer Zeit aus der ersten Wohnung in ein benachbartes Einfamilienhaus (Grellingerstrasse 36), aber auch hier blieb Karl Barth nicht lange: Im Frühjahr 1889 wurde sein Vater als Nachfolger Adolf Schlatters nach Bern berufen. So verliess Karl Barth seine Geburtsstadt bereits im Alter von nicht einmal 3 Jahren, und dauerhaft sollte er erst 46 Jahre später wiederkehren.

Ab 1935 lebte Karl Barth wieder «in der besonderen Luft von Basel», wie er es 1945 in einem Lebenslauf formulierte. Zurück nach Basel kam Barth als Theologe von Weltruf. Mit seinem 1919 in erster und 1922 in zweiter, völlig veränderter Auflage erschienenen Römerbriefkommentar hatte er von seinem Pfarramt in Safenwil (1911–1921) aus ein epochemachendes theologisches Werk verfasst, durch das die bis dahin vorherrschende evangelische Theologie radikal in Frage gestellt wurde, und war auf theologische Lehrstühle zunächst in Göttingen (1921–1925), dann in Münster/Westf. (1925–1930) und schliesslich in Bonn (1930–1935) berufen worden. Er galt als Vordenker der neuen, sogenannten «Dialektischen Theologie», war bei der Absage an die überkommene Theologie jedoch nicht stehen geblieben. Mit dem 1932 erschienenen ersten Teilband der **Kirchlichen Dogmatik** war noch vor der Rückkehr in die Schweiz der Grundstein gelegt zu einem

Werk, an dem er beinahe bis zu seinem Lebensende weiterarbeiten sollte, ohne dass es – zuletzt auf rund 9000 Seiten angewachsen – vollendet worden wäre. Zunächst im deutschen Sprachraum, seit den 1920er Jahren auch im europäischen Ausland und dann weltweit hatte Barths Theologie grossen Einfluss gewonnen, und entsprechend international war die Zusammensetzung seiner Studenten und theologischen Schüler.

Bald nach der nationalsozialistischen Machtübernahme griff Barth im Sommer 1933 in die Auseinandersetzung um die zu bildende Deutsche Evangelische Kirche ein. Mit seiner Programmschrift **Theologische Existenz heute!** und durch seine führende Rolle bei den 1934 entstandenen Bekenntnissynoden wurde Barth für kurze Zeit zum Kopf der Bekennenden Kirche, die sich dem nationalsozialistischen Einfluss auf die evangelische Kirche entgegenstellte. Mit der **Barmer Theologischen Erklärung**, deren Hauptverfasser Barth war, erhielt diese kirchliche Opposition ihr Grundbekenntnis, das noch heute weltweit in vielen evangelischen Kirchen als Bekenntnisschrift gilt. Aufgrund dieses Engagements und weil er sich auch gegen Übergriffe in den akademischen Lehrbetrieb wehrte, geriet Barth in das Visier der Machthaber. Ende November 1934 wurde er suspendiert; das Disziplinarverfahren endete mit seiner Verurteilung und Entlassung. Die erfolgreiche Berufung gegen das Urteil sollte ihm nichts nützen: Unmittelbar nach der Aufhebung des Urteils gegen Barth versetzte der zuständige Reichsminister ihn aufgrund des «Gesetzes zur Wiederherstellung des Berufsbeamtentums» in den Ruhestand. Nur drei Tage, nachdem ihm so ein weiteres akademisches Wirken in Deutschland unmöglich gemacht worden war, wurde Barth durch den Basler Regierungsrat auf einen ausserplanmässigen Lehrstuhl für Dogmatik berufen.

Am 8. Juli 1935 bezog Barth mit seiner Familie und Charlotte von Kirschbaum, die ihm seit 1925 Gefährtin und unermüdliche Mitarbeiterin war und seit 1929 mit im Hause der Familie wohnte, eine Wohnung am St. Alban-Ring 186 – nicht weit entfernt von seinem Geburtshaus und vom heutigen Karl Barth-Platz. In einem Brief beschrieb Barth wenig später, am 18. Januar 1936, seine «Heimkehr» und das Leben in Basel durchaus zwiespältig: «Ich

habe mich nun also seit dem Sommer in der Vaterstadt [...] ein-
genistet, wandere täglich durch das St. Albanstor und St. Albans-
vorstadt am Münster vorbei nach dem Stapfelberg, wo ich in dem
rührend bescheidenen Auditorium ‹maximum› dieser Universität
vor allerlei Volk meine Dogmatik vortrage und Seminar halte und
gewöhne mich allmählich an die im Verhältnis zu Deutschland
etwas engere und kühlere Luft, die nun eben hier weht. In ganz
naher Beziehung stehe ich bisher nur zu Eduard Thurneysen [...],
denke aber, dass sich allerhand mit der Zeit und wenn sich die
Basler auch an mich ein wenig gewöhnt haben, wohl noch ergeben kann.»

Mit der Nennung des lebenslangen Freundes Eduard Thurneysen, seit 1927 Münsterpfarrer und später Professor für Praktische
Theologie, der Erwähnung des Stapfelbergs, wo damals die Theologische Fakultät beheimatet war, und der Dogmatik-Vorlesung
sind zentrale Stichworte für Barths Basler Jahre in diesem Brief
genannt: Die Weiterarbeit an der **Kirchlichen Dogmatik**, Kapitel
für Kapitel als Vorlesung gehalten, wird bis fast zu seinem Lebensende seine Hauptbeschäftigung bleiben, und natürlich ist die
Theologische Fakultät für ihn mehr als eine gewöhnliche Arbeits-
stätte, ihr Gedeihen im Zusammenspiel von Forschung und Lehre,
Dozenten und Studenten liegt ihm zeitlebens am Herzen. Der
Name Thurneysen mag zuletzt dafür stehen, dass das Haus Barth
wie überall auch in Basel ein ausgesprochen gastfreies Haus bleiben sollte, in dem sich Verwandte, Freunde, Kollegen, Studenten
und andere Gesprächspartner schon bald in viel grösserer Zahl
wieder versammeln sollten, als es die zitierten skeptischen Zeilen
vermuten lassen. Sowohl die Wohnungen am St. Alban-Ring (1941
wechselte man in die Nr. 178) als auch ab April 1946 das näher
am neuen Kollegienhaus gelegene Haus an der Pilgerstrasse 25
und das 1955 gekaufte Reihenhaus an der Bruderholzallee 26
erwiesen sich als Magnet für in- und ausländische Besucher.

Zugleich war hier immer auch ein Zentrum der vielfältigen
politisch-gesellschaftlichen Aktivitäten Barths. Getreu seiner Neu-
formulierung der Lehre von der «Königsherrschaft Christi», nach
der es keine getrennten «Zuständigkeitsbereiche» für Evangelium
und Gesetz gebe, ein Christ sich also auch den weltlichen Dingen

und Problemen gegenüber nicht in vornehmer Zurückhaltung üben dürfe, war Barth in seinen Basler Jahren intensiv und aktiv mit drängenden aktuellen Fragen beschäftigt: Schon 1935 war er zum Präsidenten des Hilfswerks für deutsche Gelehrte ernannt worden; zusammen mit dem hier federführenden Walzenhausener Pfarrer Paul Vogt engagierte er sich sehr stark für das «Schweizerische Evangelische Hilfswerk für die Bekennende Kirche in Deutschland»; er trat öffentlich in Wort und Schrift gegen die Aggression des nationalsozialistischen Deutschlands auf und erinnerte daran, dass die Schweiz jenseits der Neutralität auch für bestimmte demokratische und freiheitliche Werte stehe, für die es zu kämpfen lohne (womit er sich in den Jahren unmittelbarer Bedrohung nicht viele Freunde machte); in seinem Haus und Beisein fanden 1945 Treffen des antifaschistisch orientierten «Nationalkomitees Freies Deutschland» statt, in dessen Schweizer Sektion Charlotte von Kirschbaum für kurze Zeit führend tätig war. Die Aufzählung ist bei weitem nicht vollständig!

Auch nach seiner Emeritierung und trotz der in seinen letzten Lebensjahren abnehmenden Kräfte blieb das Haus in der Bruderholzallee 26, in dem sich heute das Karl Barth-Archiv befindet, eine Anlaufstätte für Besucher aus aller Welt. Karl Barth starb am 10. Dezember 1968 und wurde drei Tage später auf dem Hörnli-Friedhof beigesetzt. Am folgenden Tag fand eine Gedenkfeier im überfüllten Münster statt, die auch im Rundfunk übertragen wurde.

Abschliessend sei eine die Theologische Fakultät betreffende Stellungnahme des damaligen Dekans Barth zitiert, aus der hervorgeht, dass nicht nur Barths Theologie, sondern auch seine sein weiteres Engagement leitenden Gedanken nach wie vor Aktualität beanspruchen dürfen. Albert Wolfer, Pfarrer am Basler Münster, hatte im Februar 1938 zur anstehenden Neubesetzung der Professur für Neues Testament und Alte Kirchengeschichte angemahnt, diese dürfe nicht mit dem von den zuständigen Gremien vorgeschlagenen Deutschen besetzt werden, dessen «wissenschaftliche Tüchtigkeit» ausser Frage stehe. Denn dieser, so Wolfer, stehe «als Lutheraner, Bekenntnis-Christ und Ausländer unserer schweizerischen Art zu denken und zu sein unbedingt ferner als einige Privatdozenten, die [...] mit unserem Volkstum ganz anders verwachsen, mit den Bedürfnissen unserer zwinglischen Landeskirche ganz anders vertraut sind». Barth wies diese Einsprache zunächst selbstverständlich aus wissenschaftlicher Perspektive zurück: «Wir hatten uns – es ging ja nicht etwa um einen Lehrstuhl für praktische Theologie, sondern um eine Sache, die sich entscheidend auf dem Boden alter griechischer und lateinischer Texte abspielt, – nach solchen Männern umzusehen, von denen wir wussten, dass sie nun eben mit dieser Sache ‹verwachsen› seien.» Dann ging Barth aber auch auf die für den Bewerber gewählten Bezeichnungen ein und bemerkte abschliessend zur Kennzeichnung als «Ausländer»: «Was für ein Armutszeugnis würde die Schweiz sich selbst ausstellen, wenn sie den verschiedenen Nationalismen, die heute die Welt verfinstern, mit nichts Besserem als nun eben mit einem frei erfundenen – schweizerischen Nationalismus zu begegnen wüsste!»

Peter Zocher ist Archivar am Karl-Barth Archiv in Basel.

 Michael Beintker (Hg.), Barth Handbuch, Tübingen 2016.
https://karlbarth.unibas.ch/

Ruth Epting (1919–2016)
Eine der ersten Pfarrerinnen in Basel

Benedict Schubert

Der Gottesdienst zum Reformationssonntag 2015 in der Peterskirche in Basel wurde vom Schweizer Fernsehen live übertragen. «Mission» sollte das Thema sein, den Bezug zur Reformation schuf der Abschnitt aus dem Jesajabuch, in dem das Wort Gottes mit Regen und Schnee verglichen wird, die in trockenem Land Frucht wachsen lassen, so dass die Menschen mit dem Lebensnotwendigen versorgt werden können (Jes 55, 8–11).

In jenem Gottesdienst sollte Ruth Epting zum letzten Mal öffentlich auftreten. Sie war im Sommer 96 Jahre alt geworden. Mit 90 hatte sie entschieden, nicht mehr zu predigen. Doch nun liess sie sich dazu gewinnen, bei dieser Gelegenheit und zu diesem Thema ein kurzes Zeugnis zu geben. Sie war bereit, in einem dankbaren Rückblick auf ihr Leben davon zu sprechen, wie sie selbst erfahren hatte, dass das Wort aus dem Mund des Ewigen «nicht leer zurückkommt». Ruth Epting sah sich als Teil der Mission als einer Bewegung, die Grenzen überschreitet, Barrieren unterläuft – inspiriert und orientiert durch das lebendige Wort Gottes, das hinter und durch biblische Texte vernehmbar wird.

Ruth Epting war an jenem Morgen froh um das Lesepult, an dem sie sich abstützen konnte. Ihr Gang war unsicher geworden, doch sie sprach mit klarer Stimme und mit leuchtenden Augen. In nicht einmal zwei Minuten fasste sie die entscheidenden Linien ihres Lebens so zusammen:

«Dank sei Gott, dass er mich im Basler Missionshaus aufwachsen liess; meine Eltern waren in Ghana gewesen, meine Grosseltern in Indien. Mir sind sowohl der Glaube wie auch die Nöte der Welt begegnet und haben mich vorbereitet für ein Leben für andere.

Nach dem Krieg bat der deutsche christliche Verein junger Frauen mich, die weibliche Jugend in den drei westlichen Zonen des Landes zu neuem Leben und neuen Formen der Gemeinschaft zu rufen. Ich hatte in Basel vier Jahre Theologie studiert, doch als Frau konnte ich keine Pfarrstelle bekommen.

Als Frau konnte ich keine eigenen Pläne machen, sondern musste warten, bis eine Tür sich öffnete. So wurde ich bloss mehrere Male gebeten, in einer Pfarrstelle die Vertretung zu übernehmen, bis ein Pfarrer gefunden wurde. Nach 13 Jahren wählte mich die Oekolampad-Gemeinde zur Pfarrerin. Meine Kollegen baten mich, mich um die Frauen zu kümmern. Es war die Zeit, in der Frauen Anerkennung und berufliche Möglichkeiten suchten.

Das erlebte ich als eine grosse Bewegung – nicht nur hier: überraschend wurde ich gebeten, nach Kamerun zu reisen, um dort einen Theologen in der Ausbildung von lokalen Pfarrern zu vertreten. Für mich war es eine grosse Freude, dass die Basler Mission mir diese Aufgabe übertrug. Ich hatte früher viel von ihr gehört, nun versuchte ich, mehr über ihren Glauben und ihr Wirken zu erfahren. Es war eine neue Herausforderung, denn die kamerunischen Pfarrer konnten sich nicht vorstellen, von einer Frau unterrichtet zu werden. Wir haben aber sehr schnell einen gemeinsamen Weg gehen können. Die Anfänge waren schwierig, doch plötzlich wurden auch Frauen von Gott berufen! Heute gibt es ungefähr 50 Pfarrerinnen, die in der presbyterianischen Kirche in Kamerun ihren Dienst tun.

Mission heisst: gerufen zu werden um zu helfen, getragen vom Glauben.»

Geschrieben hatte Ruth Epting diesen Text in ihrem Zimmer im Pflegeheim «Adullam» an der Missionsstrasse. Lächelnd bemerkte sie, nun schliesse der Kreis sich. In der letzten Zeit ihres Lebens schaue sie hinüber aufs Missionshaus, wo sie am 9. Juni 1919 zur Welt gekommen und ab dann aufgewachsen war.

Ihre Bemerkung, dass sie als Frau «keine eigenen Pläne machen konnte», ist das Ergebnis vieler Erfahrungen: Begeistert von Karl Barth wollte sie schon als Gymnasiastin Theologie studieren, doch ihr Vater war nicht einverstanden. Stattdessen liess sie sich also von 1939 bis 1941 als Jugendsekretärin des Christlichen Vereins Junger Frauen CVJF im Burckhardthaus in Berlin ausbilden. Erst als ihr Bruder, der in Württemberg Pfarrer war, im Krieg fiel, erlaubte der Vater Ruth, nun doch Theologie zu studieren. Sie kehrte dafür nach Basel zurück, studierte von 1942 an, absolvierte ihr Vikariat im Kleinbasel, liess sich in der Schweiz einbürgern und wurde 1947 zur Pfarrerin ordiniert. Die Ordination war gebunden an den Verzicht auf Ehe und Familie. Dennoch bedeutete sie nicht, dass Ruth Epting als Pfarrerin die Verantwortung für eine Gemeinde hätte übernehmen können. Stattdessen reiste sie

1948 erneut für sechs Jahre nach Berlin. Die anschliessenden Jahre von 1953 bis 1957 bezeichnete sie in den Skizzen zum eigenen Lebenslauf als «Warten in hoffnungsloser Situation». 38 Jahre alt musste sie werden, bis sie die erste feste Anstellung erhielt, dreizehn Jahre dauerte es nach ihrer Ordination, bis sie 1960 als Pfarrerin in der Oekolampadgemeinde gewählt wurde, zu der auch die 1958 eröffnete Thomaskirche gehörte. In deren unmittelbarer Nachbarschaft an der Felsplattenstrasse – nie in einem Pfarrhaus – bewohnte sie schliesslich 57 Jahre lang eine bescheidene Wohnung.

Nun war Ruth Epting zwar Pfarrerin, doch ihre Kollegen wiesen ihr sofort exklusiv den Bereich «Arbeit mit Frauen» zu. Wie so oft konnte sie nicht wählen, nicht den Platz einnehmen, den sie selbst gesucht hätte. Stattdessen liess sie sich senden. Sie empfand diese Entscheidungen wohl nicht immer als gerecht, doch verbittern liess sie sich nicht. Als sie überraschend angefragt wurde, ob sie für zwei Jahre einen Kollegen als theologische Lehrerin in Kamerun vertreten wolle, mag dies eine besondere Genugtuung für sie gewesen sein. Der Einsatz in Westafrika vertiefte ihre ökumenische Sicht der Kirche. Sie hatte von Anfang an wenig Verständnis für einen provinziellen, kulturell eng eingegrenzten Begriff von Kirche, sondern verstand diese als weltweite, vielfarbige, in sich spannungsreiche Gemeinschaft. Die Gemeinde in Basel beurlaubte sie für die Zeit in Kamerun; sie dankte dafür mit einem grossen geschnitzten Holzkreuz, das sie aus Afrika zurückbrachte: Dieses ist heute nicht mehr aus der Thomaskirche wegzudenken.

Ruth Epting sah sich als Teil einer «grossen Bewegung». Sie neigte dazu, ihre eigene, für viele prägende Rolle und ihre offensichtlichen Verdienste eher klein zu reden. Es ging ihr nicht um sich selbst. Ihr ging es um die Kirche, und sie setzte sich dafür ein, dass der entscheidende Beitrag von Frauen zum Leben der Kirche wahrgenommen und ernst genommen würde. Unter dem Titel «Für die Freiheit frei» veröffentlichte sie 1972 ein Buch über die Stellung und Rolle der Frau in der Gesellschaft. Ein Jahr später berief die Basler Mission sie in eine leitende Position. Nun konnte sie noch viel klarer und wirkungsvoller Vernetzungsarbeit leisten. Für unzählige Frauen aus buchstäblich aller Welt wurde sie Freundin, Lehrerin, Ratgeberin, Türöffnerin. 1982 gründete sie mit anderen zusammen das Ökumenische Forum christlicher Frauen in Europa. In der Trauerfeier für Ruth Epting wurde die initiative Frau als «founding mother» des Ökumenischen Forums gewürdigt.

Neben den Kontakten in den globalen Süden, die sich aus ihrer Tätigkeit in der Basler Mission ergeben hatten, suchte und fand sie nun auch Wege zu orthodoxen Frauen namentlich in Russland. Eine ihrer Nachfolgerinnen attestierte Ruth Epting dreifachen Mut: den Mut, sie selbst zu sein. Den Mut, nichts «umzulügen», sondern die Dinge couragiert beim Namen zu nennen. Schliesslich den Mut, an Solidarität und Gerechtigkeit unter den Menschen zu glauben.

Der Titel ihres Buchs charakterisiert, was und wie Ruth Epting war: Für die Freiheit frei. Manches in ihrer Biografie wäre dazu angetan gewesen, sie zornig und hart werden zu lassen. Sie blieb freundlich, heiter, voller Hoffnung. Sie hat die Freiheit des Evangeliums als die Möglichkeit erkannt, ihr ganzes Leben als eine gute Geschichte zu erzählen. Was sie selbst getan und gesagt hatte, aber auch was sie erlebt hatte, was sie sich hatte bieten lassen müssen, konnte sie dankbar und in einem grossen Vertrauen als Teil eines guten grossen Ganzen verstehen.

Noch ganz kurz vor dem Ende ihres Lebens konnte sie gelassen festhalten, sie sei in ihrem Leben «von Wort und Gebet begleitet» worden, und könne deshalb den Tod freudig erwarten, voller «Hoffnung auf das Kommen des Herrn».

Benedict Schubert ist Pfarrer in Basel West
und war langjähriger Mitarbeiter von Mission 21.

 Ruth Epting, Für die Freiheit frei. Der Weg
der Frau in Kirche und Gesellschaft, Zürich 1972.

Bildnachweis

Seite 10: Hans Holbein d.J.: Bildnis des schreibenden Erasmus von Rotterdam, Mischtechnik auf Papier, auf Tannenholz aufgezogen, 1523. Kunstmuseum Basel (Inv. Nr. 319), Amerbach-Kabinett (Foto: Martin P. Bühler)

Seite 15: Johannes Oekolampad, Medaille von Jacob Stampfer nach 1531, Landesmuseum Württemberg, Stuttgart (Foto: Adolar Wiedemann)

Seite 21: Wibrandis Rosenblatt: Unbekannter Künstler, Porträtminiatur der Wibrandis Rosenblatt, Öl auf Kupfer, 16. Jh. Universitätsbibliothek Basel (Sign. Portr BS Rosenblatt W 1504, 2), Reproduktion von 1964

Seite 27: Johannes Calvin, Gemälde um 1530, Öl auf Holz. © akg-images / Erich Lessing

Seite 32: Castellio-Gedenktafel bei der St.-Alban-Kirche, Markus Böhmer 2016 (Foto: Bernhard Vischer)

Seite 39: Jacob Bernoulli, Anfang oder Mitte 1680, Historisches Museum Basel (Foto: N. Jansen)

Seite 45: Wilhelm Martin Leberecht de Wette, Radierung von Anton Wachsmann nach Zeichnung von Ludwig Buchhorn, 1827. ÖNB Wien, PORT_0011925_01

Seite 50: Margaretha Merian, 1835, unbekannt © Christoph Merian Stiftung

Seite 55: Jacob Burckhardt, Foto um 1890. © akg-images

Seite 60: Porträt Franz Overbeck, [nach 1883], UB Basel, NL 53 : A 282 (Foto: Taeschler)

Seite 66: Friedrich Wilhelm Nietzsche, Naumberg, 1882. © akg-images / Pictures From History

Seite 72: Leonhard Ragaz, Ölgemälde von Heinrich Altherr, datiert 1928, Staatsarchiv Zürich.

Seite 78: Karl Barth, 1955 (KBA 9062.13). © Karl Barth-Archiv

Seite 84: Ruth Epting an der Feier zu ihrem 90. Geburtstag (05.06.2009). Mission 21/Patrick Hascher